작은 습관으로 기적을 만드는
일본 엄마의 힘

작은 습관으로 기적을 만드는
일본 엄마의 힘

안민정 지음

황소북스

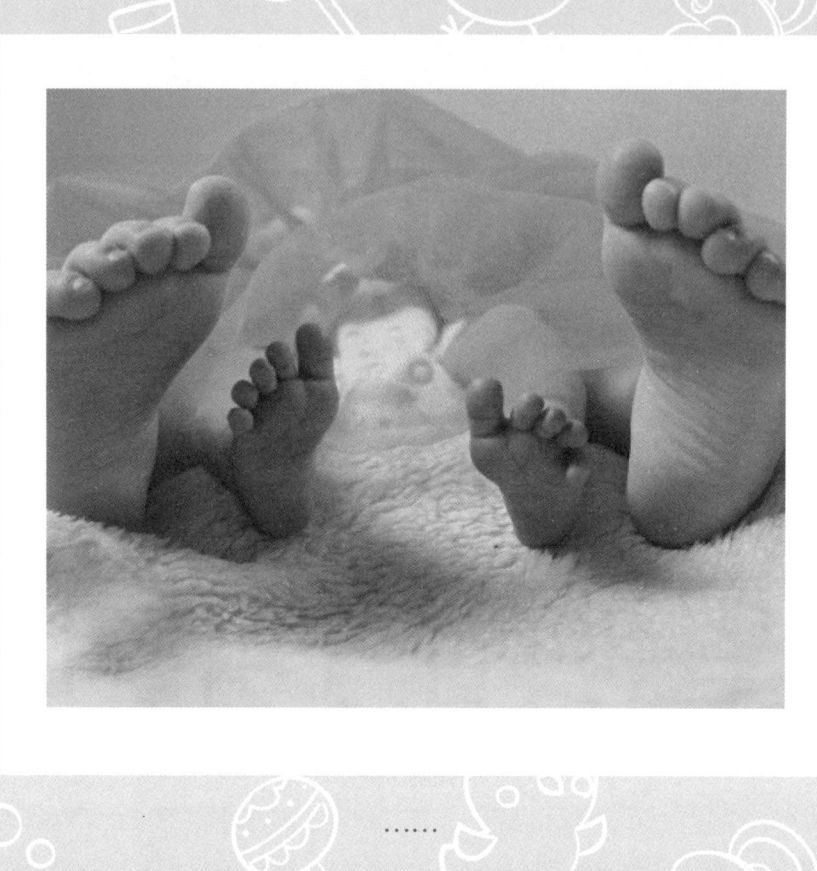

……

인정하고 싶지 않지만 일본은 여전히 선진국이고, 매력적인 동아시아 관광 대국이다. 동시에 아시아 최고의 노벨상 수상자 배출국이며, 세계에서 손꼽히는 과학 강국이다. 무조건 본받자는 것이 아니라 우리가 일본 교육에서 얻을 교훈이 있고 힌트가 있다면 선입견 없이 받아들이는 여유가 있었으면 좋겠다.

📖 작가의 글

일본 엄마에게서 배워야 할
육아 철학의 모든 것

나는 일본에서 중국인과 만나 결혼했다.

일본에 온 지 얼마 안 돼 일본어를 거의 못하던 내게 한국인 친구가 그를 소개해주었다. 한국에 관심 많은 중국 남자아이가 있는데, 말하는 것이 정말 귀여우니까 다 같이 놀자고 했다.

정말 듣던 대로 그는 한국에 관심이 많았고, 어설프지만 한국어를 알아듣고 "내가 니 시다바리가?"라며 부산 사투리로 받아칠 줄도 알았다. 나는 그에게 하고 싶은 말이 있으면 전자사전을 찾았다. 전자사전 화면을 통해 대화를 주고받으며, 일본에 온 지 오래돼 일본어에 능통했던 그에게 배우기도 하며 점점 친해졌다.

그렇게 몇 년이 지나고 2011년 3월 11일 동일본 대지진이 일어났다. 전철이 끊겼고, 도로가 주차장이 되었다. 슈퍼마켓과 편의점의 음식물이 다 떨어졌다. 많은 친구들이 한국으로 돌아갔고, 그와 나도 걱정하는 부모님 때문에 잠시 돌아갔다 왔다. 일상이 한꺼번에 무너지는 기분, 우리는 그런 시간들을 함께 보내며 얼마 남아 있을지 모를 미래를 함께 보내야겠다고 생각했다.

그 전까지 나도 내가 국제결혼을 할 줄은 꿈에도 상상하지 못했다. 그렇지만 막상 결심을 하니 뭐 그렇게 대단한 일도 아니었다. 사랑엔 국경도 없다더니 눈에 콩깍지가 씌자 이문화에 대한 걱정보다 기대감이 더 컸다. 물론 보수적인 부모님을 설득하는 것이나 한국어를 일본어로, 다시 일본어를 중국어로 바꿔가며 대화를 나누던 상견례, 비행기를 타고 오가며 진행된 두 번의 피로연과 결혼식 등 과정은 결코 순조롭지 않았지만 결혼에 골인할 수 있었다.

많은 사람들이 걱정하는 언어나 문화의 장벽은 크게 문제가 되지 않았다. 지금도 시부모님은 물론 남편에게도 100퍼센트 마음을 터놓고 대화할 수 없지만 그 대신 우리는 말하지 않아도 서로의 생각을 읽을 수 있게 됐다. 결혼 4년차인 지금은 시부모님과 말이 안 통해서 오히려 좋지 않으냐는 진담 반 농담까지 말할 여유가 생겼다.

중국인 남편과 한국인 아내의 소박한 도쿄 생활에 작은 변화가 생겼다. 우리에게도 아기라는 천사가 찾아온 것이다! 그때까지 나는 일본 관련 기사를 써오며 일본 문화에 대해 어느 정도 안다고 자부하던 터였다. 하지만 임신을 계기로 내가 이제까지 안다고 생각했던 일본은 극히 일부였음을 깨달았다.

　엄마의 시선으로 바라보는 일본은 또 다른 세상이었다. 이제까지 눈에 들어오지 않던 엄격한 일본 엄마들, 밖에서는 활발하고 실내에서는 얌전해지는 일본 아이들이 눈에 들어왔다. 일본 교육 제도에 대해서도 처음으로 진지하게 생각해보는 계기가 됐다. 아이 관련 용어를 처음으로 배웠고, 일본 아이들을 보며 훈육을 고민했다.

　아울러 이제까지 차갑다고 생각했던 일본인들이 아이가 있다는 이유로 나에게 먼저 다가왔다. 어딜 가나 양보를 해주고 덕담을 해주고 말을 걸어왔다. 이제까지 늘 이방인이었던 내가 마침내 일본 사회에 한 발 들어선 느낌이었다.

　일본의 기초 교육을 배우며 성장하는 아이와 함께 나도 자라고 있는 기분이 들었다. 일본인들의 육아는 참으로 답답하고 인내를 요하는 것도 있었다. 하지만 건강하고 씩씩하게 스스로의 힘을 키우는 일본 교육에 감탄하기도 했다.

　이 책에는 내가 직접 일본에서 아이를 키우며 발견한 일본의 육아와 교육, 문화와 가정교육 등에 대한 이야기를 담았다. 직접 경험하지 못한 부분이 많이 있지만, 3년여 간의 일본 기자 생활과 4년 이상 계속해온 한국어 강사 일을 통해 많은 일본인을 만나고 인터뷰하며 얻은 정보를 바탕으로 글을 쓸 수 있었다.

　보통 한국 사람들이 일본 교육에 갖는 긍정적 이미지는 아이들이 예의 바르고, 질서를 잘 지키고, 장인 정신으로 한 우물을 파고, 노벨상 수상자를 많이 배출했다는 점 등일 것이다.

물론 맞는 말이지만 반면에 왕따, 히키코모리, 등교 거부, 아동 학대, 청소년 범죄 등 어두운 면도 많이 있다. 그래서 최대한 객관적인 시선으로 일본의 육아와 교육을 바라보기 위해 노력했다.

인정하고 싶지 않지만 일본은 여전히 선진국이고, 매력적인 동아시아 관광 대국이다. 동시에 아시아 최고의 노벨상 수상자 배출국이며, 세계에서 손꼽히는 과학 강국이다. 무조건 본받자는 것이 아니라 우리가 일본 교육에서 얻을 교훈이 있고, 힌트가 있다면 선입견 없이 받아들이는 여유가 있었으면 좋겠다.

내 이웃 블로거인 한국에 사는 일본 엄마의 한마디가 작은 힌트를 주었다. "저를 포함해 제 주변의 일본 엄마들은 적어도 초등학교 들어가기 전까지 아이 키우기는 한국이 좋다고 말해요. 일본에서는 일하지 않으면 어린이집에도 보낼 수 없으니까요."

나는 충격을 받았다. 많은 한국 엄마들은 한국이 아이 키우기 힘든 나라라고 말한다. 왜 우리는 스스로 한국이 육아에 부적합한 나라라고 생각하는 걸까?

우리가 경쟁적으로 그런 나라를 만들고 있는 것은 아닐까? 이 책에서도 나오지만, 한국 엄마들은 일본 엄마들과 비교해 전혀 뒤처지지 않고 오히려 지나칠 정도로 자녀를 아끼고 보살핀다. 그럼에도 불구하고 많은 한국 엄마들이 자녀 교육에 자신 없어 하고, 자신은 좋은 엄마가 아니며 더 노력해야 한다고 말한다.

더 좋은 엄마가 되기 위해 끊임없이 자신을 채찍질하고 있는 한국 엄마들이 이 책을 보고 한숨 돌리며 스스로를 돌볼 여유를 찾길 바란다. 우리 모두가 좋은 엄마이자 현명한 아내, 멋진 여성으로서 자신만의 삶을 개척할 수 있기를 바라며….

2015년 12월
일본 도쿄에서, 안민정

| 목차 |

작가의 글 일본 엄마에게서 배워야 할 육아 철학의 모든 것 ●5

1부 일본 엄마만의 특별한 자녀교육법 7가지

01 일본은 갓난아이도 울지 않는다? ●15
02 일본 엄마가 재봉틀을 잡는 이유는? ●21
03 일본 아이들이 한겨울에도 맨발인 이유는? ●25
04 일본 엄마가 영어보다 생활 예절을 먼저 가르치는 이유는? ●29
05 일본 아이들이 모두 란도셀을 메는 이유는? ●33
06 조용한 일본 엄마가 아이를 혼내는 방법은? ●38
07 일본 엄마는 왜 날씬할까? ●43

2부 지혜로운 일본 엄마의 자녀교육법 7가지

08 아이 스스로 힘을 기르게 하는 일본 엄마의 자녀교육법 ●51
09 일본 아이의 훈육은 만0세부터 시작한다 ●58
10 일본 엄마의 핵심 교육법은 보이지 않는 손이 되는 것 ●63
11 공부하고 싶은 사람만 대학 보내는 일본 엄마 ●67
12 노동력의 효율성을 먼저 따지는 일본 엄마의 지혜 ●73
13 일본 엄마의 지혜가 담긴 요리 보존법 ●77
14 효율적인 시간 관리로 육아 스트레스를 날리는 일본 엄마 ●81

3부 일본식 교육 문화가 경쟁력 있는 아이를 만든다

15 일본은 온 나라가 아동 학대 감시자 ●89
16 만0세부터 시작하는 일본의 재난 대피 훈련 ●96
17 사과와 책임 의식을 강조하는 일본의 교육 문화 ●100
18 일본의 가정교육은 목욕 문화에서부터 시작된다 ●106
19 어릴 때부터 인내와 절제를 가르치는 일본식 교육의 힘 ●112
20 남에게 폐를 끼치지 말라고 가르치는 메이와쿠 정신 ●119

4부 아시아 최대 노벨상 배출국, 일본 교육의 힘

21 빨리 어른이 되는 일본 아이들 ●127
22 학창 시절의 절반은 클럽 활동인 일본 아이들 ●131
23 아이 학교에 따라 달라지는 일본 엄마의 옷 ●135
24 급이 다른 명문 학교의 물 관리 ●141
25 일본 아이들의 생일 초대에도 격식이 있다 ●148
26 자립심부터 키우는 일본의 엘리트 ●153
27 성실함이 전제되는 일본의 사교육 ●158
28 일본은 왜 노벨상을 많이 탈까? ●164

5부 한국 엄마가 일본에서 아이를 키운다는 것

29 한국 여자, 일본에서 임신부가 되다 ●173
30 한중일이 만나 가족을 이루다 ●178
31 한국 맘, 일본 문화를 다시 배우다 ●184
32 일본 엄마는 처음부터 독박 육아 ●189
33 아이가 먼저인 일본의 외식 문화 ●195
34 한국 며느리, 중국 시댁에 가다 ●202
35 중국 대륙의 육아 쇼크 ●207
36 일본 아빠는 권위가 있다 ●212
37 일본에서 아이를 키운다는 것은 ●216
38 일본이 육아에 매력적인 이유 ●220

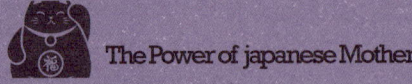 The Power of japanese Mother

1부
일본 엄마만의 특별한 자녀교육법 7가지

......

일본 보육원은 아이들에게 아주 어렸을 때부터 자기 일은 자기가 알아서 스스로 하는 법을 연습시킨다. 못한다고 소리 지르거나 윽박지르는 것이 아니라 그냥 꾸준히 설명하고 설득해서 그것을 당연하게 받아들이도록 한다. 개월 수가 빠른 아이들은 좀 더 빨리 방법을 익히고 아직 그보다 어린 아이들은 좀 더 큰 아이들을 보면서 자극을 받아 열심히 노력한다. 서로가 서로에게 좋은 자극을 주고 뭐든지 스스로 할 수 있다는 자신감을 키워주는 것이 보육원의 역할인 듯했다.

일본은 갓난아이도
울지 않는다?
01

    일본은 대개 조용하다. 번화가가 아닌 주택가에 들어서면 사람 사는 동네가 맞나 싶게 조용할 때가 많다. 앞차가 빨리 출발하지 않아도 클랙슨을 울리는 사람이 없고, 길거리에 포장마차가 없어 밤늦게 시끌벅적할 일도 없다. 일본 주택가에서 신경 쓰이는 소음이라면 오토바이의 엔진 소리나 재활용품 수거차의 안내 방송 정도다.
    대중교통을 이용해도 조용함에 놀란다. 가장 대중적인 교통수단인 전철을 타면 알 수 있는데, 누구도 큰 소리로 떠들지 않는다. 일본 전철 안에서는 휴대폰 통화 금지가 기본적인 매너다. 같이 탄 사람들과 대화를 나눌 때도 다른 승객한테 방해가 되지 않는 수준이어야 한다는 암묵적인 룰이 있다. 신문은 8분의 1 크기로 접어서 읽어야 하고, 2015년 법이 완화되긴 했으나 노약자석 근처에서는 전자파를 우려해 휴대폰을 꺼내지도 못하게 한다. 그 때문에 가끔 깔깔거리며 웃고 떠드는 여고생 무리가 타거나 시끌벅

적한 외국인 관광객들이 전철을 타면 살짝 눈살을 찌푸리는 어른들이 있을 정도다.

철도가 발달한 일본에서 전철은 시민들의 발이나 다름 없다. 2013년 JR 동일본 조사를 살펴보면 도쿄 신주쿠역의 1일 이용객은 75만 명 이상이다. 세계에서 가장 많은 사람들이 타고 내리는 역으로 기네스북에 올랐을 정도다. 많은 시민들이 이용하는 만큼 눈에 보이지 않는 매너나 규칙이 존재한다. 도쿄에서 에스컬레이터를 이용할 때는 왼쪽이 서서 가는 사람, 오른쪽은 걸어서 빨리 올라갈 사람 줄이다. 전철이 도착하기 전에 사람들은 문 양쪽으로 1줄 혹은 2줄로 선다. 내리는 사람이 먼저 내리고 탈 사람은 그 후에 타야 한다.

전철에서 이어폰으로 노래를 들을 때도 음량이 커서 음악이 흘러나오면 주의를 받는다. 휴대폰을 진동으로 해두는 것을 깜빡 잊고 전화 소리가 울리면 휴대폰 주인은 흠칫 놀라며 당황해서 전원을 끈다. 서울의 전철에서처럼 음악을 틀고 칸마다 이동하며 물건 파는 장사꾼이나 금전적 도움을 요구하며 돌아다니는 사람도 없다. 샐러리맨들은 급한 전화가 걸려온 경우에도 "제가 지금 전철 안입니다. 내려서 연락드리겠습니다"라고 속삭이듯 말하고 재빨리 전화를 끊는다. 사회 전체적으로 대중교통을 이용할 때는 조용히 해야 한다는 의식이 널리 퍼져 있기 때문에 가능한 일이다.

그런데 아주 어린 아이들도 전철을 이용하는데 왜 이렇게 조용할 수 있을까. 참으로 이상하다. 아기들은 원래 한 곳에서 오랫동안 있는 것을 참지 못하고 마음에 안 들면 언제든 울음을 터트리는 존재 아닌가. 그런데 일본의 전철 및 공공장소에서 아이들은 크게 소란을 피우지 않는다. 그래서 오히려 어린 아이들이 전철을 이용하는지 의식하지 못할 정도다.

실제로 나는 엄마가 되기 전까지 일본의 어린 아이들이 전철을 이용한다고 느낀 적이 없다. 그도 그럴 것이 직장인인 내가 전철을 타는 것은 출퇴근 시간뿐인데, 그렇게 붐비는 시간에는 어린 아이들이 탈 확률이 적기 때문이다. 그리고 아무리 아이와 엄마에게 친절하다 해도 만원 전철에 유모차를 끌고 타는 것은 모두를 불편하게 하는 행동이기 때문이다.

임산부의 전철 이용 및 엄마들의 유모차 이용에 대해서는 일본 내에서도 오랫동안 열띤 토론을 벌여왔다. 이들을 우선 보호해줘야 할 것인지, 일반 승객의 편의를 먼저 생각해야 할 것인지 결정하는 것은 어려운 일이었다. 과거에는 전철 안에서 유모차를 펼치고 있으면 왠지 눈치가 보여 접고 있는 사람들도 많았고, 가끔 유모차를 둘러싸고 싸움을 벌이는 경우도 있었다.

그런데 2014년 3월 일본 국토교통상은 "여러 가지 위험성을 고려해 전철 안에서 유모차를 펼쳐놓고 타도 된다"라는 지침을 발표했다. 이후 아이를 유모차에 태운 채 전철을 타는 부모가 많아졌다. 하지만 여전히 유모차에는 짐을 싣고 아이는 서서 가게 하는 엄마도 적지 않다. 아무리 그래도 출퇴근시간에 유모차를 펼친 채 전철을 타는 엄마들은 드물지만 말이다.

일본 전철 안에서 아이 소리가 안 들리는 이유는 아이가 울면 일단 내려서 아이를 진정시킨 후 다시 타는 엄마들이 많기 때문이다. 언젠가 내가 전철을 탔을 때 아기띠를 한 엄마가 전철 문 근처에 서 있었다. 그런데 얼마 후 조용하던 아기가 잠에서 깼는지 울기 시작했다.

아이가 점점 더 목청을 높이자 전철 안의 사람들은 힐끔힐끔 한 번씩 눈길을 주었고, 조용하던 차량에 아기 울음 소리가 울려 퍼졌다. 아기 엄마는 약간 당황한 듯하더니 이내 다음 정거장에서 내렸다. 그 엄마의 도착 역이 거기였는지는 모르지만 황급히 내리는 그의 모습에 나는 조금 놀랐다. 급한 전화가 왔을 때도 전철에서 빨리 내려 통화를 하는 일본 사람들은 아기가 울 때도 재빨리 내려 다른 사람을 방해하지 않는구나 하고 감탄했다. 아기와 엄마가 내리자 전철 안은 다시 조용해졌고, 승객들은 당연하다는 듯 자기 일에 열중했다.

전철 안뿐만 아니다. 일본은 동네 마트에서나 병원, 쇼핑몰에서도 소란을 피우는 아이가 많지 않은 편이다. 아이가 소란을 피우면 즉각적으로 저지하거나 밖으로 나가기 때문이다. 나는 많은 일본인에게 언제부터 조용히 해야 한다는 걸 배웠는지 물어봤다. 그런데 모두가 아주 어렸을 때부터 주의를 받았다고 대답했다. 말귀가 통하기 시작하면서부터 일본 엄마들은 "타인에게 폐가 되니까 조용히 해라"는 말을 달고 산다.

아이들은 밖에서 엄격하게 주의를 받지만, 집에 돌아와서도 인근 주민들에게 피해가 되지 않도록 소음에 주의해야 한다. 뛰거나 소리를 질러서 층간 소음이 나지 않도록 조심하고, 부모들은 아기 울음소리에도 주의를 한다.

우리 아이가 아직 갓난아기였을 때, 나는 울더라도 제대로 된 수면법을 가르치겠다며 야심차게 아기를 데리고 침실로 들어갔다. 그리고 아이를 침대에 내려놓고 3분 울면 안아주고 5분 울면 안아주는 실험을 했더니, 남편이 놀라서 "아기한테 뭐 하는 짓이냐. 이웃집에 폐가 된다"며 아이를 안아 재웠다.

남편은 10대 때부터 일본에서 살아 일본 문화를 나보다 훨씬 잘 이해하는 편이다. 어떤 때는 중국 사람이 맞나 싶게 일본적인 꽉 막힌 사고를 할 때도 있다. 결국 남편 말대로 이웃집을 생각해서 울리는 수면법은 시도도 못하고 끝나버렸다. 그렇지만 실제로 아기 울음소리 때문에 이웃 간에 문제가 생기거나 이사를 가라는 통지를 받았다는 이야기를 들은 적이 있다. 상식 있는 사람들은 아기가 밤낮없이 울어대도 참고 좀 더 성장하길 기다리지만, 어떤 사람은 민감하게 반응해 신고를 하기도 한다.

　일본은 목조 주택이 꽤 많아서 방음이 전혀 되지 않는 곳도 있다. 그래서 아기를 낳으면 좀 더 방음이 잘 되는 콘크리트 맨션으로 이사를 가기도 한다. 만약 맨션에서 층간 소음 등 이웃 간에 문제가 생기면 당사자들은 얼굴을 마주하지 않고 관리 회사를 통해 서면으로 항의문을 발송한다.

　내 지인은 베란다에서 담배를 피우다가 관리 회사에서 날아온 경고문을 받았다. 경고문은 "당신 집에서 담배를 피우는 것은 자유이지만 연기가 옆집으로 날아와 고통을 주고 있으니 주의하는 것이 좋겠다"는 내용이었다고 한다. 지인은 "관리 회사에 투서를 보낼 정도면 차라리 초인종을 누르고 한 번 이야기해줬으면 좋았을 텐데"라며 고개를 절레절레 흔들었다. 그렇지만 일본에서는 층간 소음 문제일지라도 당사자들끼리 얼굴 붉히며 감정싸움을 하기보다는 회사를 통해 압박을 하는 경우가 많다.

　일본 육아 전문 사이트 '마미'에서는 '아기 울음소리 대처법'이라는 기사를 실었다. 그 기사에 따르면 아기 울음소리가 이웃집에 피해가 되지 않도록, 우선 이웃집을 찾아가 "곧 아이를 출산하는데 시끄러울 것 같아서 미리 인사드리러 왔다"며 양해를 얻으라고 한다. 그리고 아기가 태어난 후에도 복도에서 마주칠 때마다 "평소에 시끄럽게 해서 죄송합니다" 정도의 인사를 하는 것이 좋다고 조언한다. 또 이웃집과 인접한 벽 쪽에는 책장을 놓고, 아이가 울면 창문은 물론 환기구까지 잘 닫으라고 조언한다.

  일본 아이들도 많이 운다. 소리 내서 엉엉 울고 바닥에서 뒹구는 아이도 간혹 있다. 그렇지만 그런 아이가 있으면 주변 어른들이 함께 아이를 달래거나 해서 상황을 빨리 종료시킨다. 특히 할머니 할아버지들은 정이 많아서 그냥 넘어가지 않고 말 한마디라도 꼭 챙겨주는 것 같다. 일본의 조용함은 이렇게 많은 사람들이 노력해 지켜가는 규율에서 비롯된 것이다.

일본 엄마가 재봉틀을 잡는 이유는?
02

맞벌이 부부가 늘고 있는 일본에서는 어린이집 대기 아동이 사회적인 문제가 되고 있다. 여성의 경력 단절이나 아이를 혼자 두고 나가는 엄마도 있어서 아동 학대의 원인이 되기도 한다. 그런 일본에서 내가 보육원에 당첨되는 것은 쉽지 않은 일이었다. 게다가 유치원 시작 전인 만 0세부터 만 2세까지는 가장 경쟁률이 치열하고, 만 0세에 들어가지 않으면 결원이 생길 때까지 기다려야 한다.

나는 적어도 아이 첫돌까지는 집에서 키우고 싶은 마음이 있었지만, 적당한 시기에 보육원에 들어갈 확률은 희박했다. 그래서 아직 태어나지도 않은 아이의 보육원 '대기'를 걸어두어야 했고, 학기가 시작하는 4월에 백일 된 아기를 맡길 수밖에 없었다. 인기 많은 인가 보육소는 맞벌이 부부, 다자녀 가정, 한부모 가정 등이 들어가기 유리하지만 우리는 조부모가 해외에 있고 육아를 도와줄 사람이 한 명도 없다는 게 유리하게 작용했던 것 같다. 보결 1순위로 운 좋게 들어간 구립 보육원. 그러나 외국인 엄마가 아이를 보육원에 보내는 것은 끝없는 미션의 연속이었다.

보육원에 들어가기 전 간단한 면접이 있었다. 혹시 면접에서 잘못될까 봐 잔뜩 긴장해서 출산 후 붇은 몸을 정장 안에 쑤셔 넣고 아기와 함께 보육원을 찾아갔다. 보육원은 만 0세부터 5세까지 100명 넘는 아이들이 다니는 시설이었다. 만 0세만 해도 15명 정도 되었는데, 아니나 다를까 면접장은 아기 울음소리로 가득했다.

면접 내용은 아이의 생활 패턴과 주의점 등에 대한 것이었는데 100여 개가량의 질문에 응답을 해야 했다. 아이에게 모유를 먹이는가 분유를 먹이는가, 젖병을 쓴다면 어떤 젖병을 쓰고 있나, 이유식은 시작했다면 어떤 알레르기가 있나, 밤잠은 잘 자나, 자주 가는 병원은 어디인가 등 아기에 대한 자세한 조사를 시작했고 외국인인 우리 아이의 이름을 어떻게 불러줘야 하는지 물었다. 아이는 영문으로 등록을 해서 공식적으로 영문 이름을 써야 했는데, 나는 일본식 한자어로 불러도 괜찮다고 대답했다.

면접이 끝나자 이번엔 보육원 준비물 설명을 들으러 갔다. 보육원 준비물은 프린트로 나눠줬는데 목록부터 사이즈, 필요한 시기까지 꼼꼼하게 기재되어 있었다. 아이 이불보, 이불 가방, 신발주머니와 연락장 커버 등은 크기와 재봉 방식이 정해져 있어 직접 만들어야 했다. 기성품을 사도 되냐고 물어보니 크기가 정확히 일치하지 않으면 안 된다는 대답이 돌아왔다. 이불보에 달린 똑딱이 단추 갯수는 물론 모든 아이 물건에는 천을 덧대어 이름 쓰는 칸을 만들어야 했다. 아이가 가지고 다니는 모든 물건에도 이름을 써야 했다. 손수건 한 장, 종이 기저귀 한 장까지 이름 쓰는 곳이 정해져 있었다.

　준비물이 너무 많고 어려워서 인생 최대의 숙제를 떠안은 기분이었다. '아니, 공립 보육원은 일하는 엄마를 위한 시설이라더니 신경 쓰이는 일들을 왜 이렇게 시키는 거야.' 처음에는 기가 막혀 만나는 사람마다 붙잡고 하소연을 했다. 천을 끊어다가 손바느질로 이불을 만드는 것은 꿈도 꿀 수 없었고, 갑자기 재봉틀을 사자니 자신도 없었다. '대체 일본 엄마들은 이걸 다 어떻게 만드는 거지?' 고민하다가 결국 인터넷 검색을 시작했다. 찾다 보니 나온 희망의 검색어. '보육원 이불 세트', '보육원 이불 수예' 등등. '직접 만들지 않고 사는 엄마들도 있구나' 싶어 안심이 됐다.

　나는 괜찮아 보이는 수예점을 찾아 이불과 가방을 주문하고 나머지 어려운 준비물들도 물어 물어 준비해 겨우 기한을 맞출 수 있었다. 지금 생각해도 보육원 준비물 만들기는 정말 어려운 과제였다. 연락장 노트까지 천으로 덧대 커버를 씌우는 게 이해가 안 됐지만, 몇 년이 지나서 보니 이것 또한 그들만의 노하우가 담긴 지혜였다는 것을 깨달았다.

　보육원은 만 0세부터 5세까지 최대 6년 동안 다니는 시설이다. 6년 동안 사용할 물건이라고 생각하면 가볍고 튼튼하고 다른 아이들 것과 구별하기 쉽게 만들어야 하는 건 당연하다. 매주 빨래를 해도 닳지 않고 선생님들이 한눈에 알아볼 수 있도록 실용적이고 규격화되어야 한다. 아기일 때는 아직 모르지만, 친구들을 의식하기 시작하면 장신구 하나에도 싸움이 날 수 있기 때문에 모든 준비물에는 튀는 장신구를 달아서도 안 된다.

　집단 생활에서 문제가 될 수 있는 유실물 방지를 위해 속옷 한 장, 양말 한 짝에까지 이름을 쓰는 것도 당연했다. 내 아이가 기저귀를 몇 장 썼는지 명확히 세고, 쓰레기를 줄이기 위해 더러운 기저귀까지도 다 회수해서 가져와야 했다.

그런데 이런 수고로움은 보육원뿐만 아니라 유치원에 가서도, 초등학교에 가서도 계속된다. 모든 준비물은 규격화되어 있고, 이름 쓰는 곳까지 정해져 있다. 준비물은 3년, 6년 쓸 마음으로 튼튼하게 만들어야 한다. 크레파스 색깔 하나하나마다 이름을 붙이고, 사인펜 뚜껑과 펜에 각각 이름을 붙이는 등 매뉴얼대로 준비물을 마련해야 한다.

이 때문에 일본에서는 여성이 임신을 하면 축하 선물로 재봉틀을 선물한다. 아이가 어느 기관에 속하자마자 시작되는 규격화한 준비물을 만들기 위해서다. 아무리 재봉에 관심이 없는 사람이라도 '아이한테는 엄마가 직접 만들어주는 것이 제일 좋다'라는 사회 분위기가 강하기 때문에 재봉틀을 잡을 수밖에 없다.

유치원에 가면 '이거 우리 엄마가 만들어줬다'가 아이의 자랑거리이기 때문에 아이를 위해서라도 재봉틀은 필수다. 요즘 같이 바쁘고 인터넷 클릭 한 번으로 주문 배송이 가능한 시대에도 많은 일본 엄마들은 천을 사고 한 땀 한 땀 바느질을 한다. 자수로 아이 이름을 새기기도 하고, 아이가 기뻐할 것을 상상하며 캐릭터를 장식하기도 한다. 이 소소한 일들이 전부 엄마의 사랑이라고 생각하기 때문이다.

일본 아이들이
한겨울에도 맨발인 이유는?
03

　한겨울에 일본에 다녀온 사람들은 도쿄의 묘한 풍경에 대해 입을 모아 신기하다고 말한다. 그것은 한겨울에도 반바지를 입고 다니는 어린 아이들의 모습이다. 서울만큼이야 춥지 않지만, 그래도 영하로 떨어지는 기온인데 얇은 반바지에 맨다리로 거리를 누비고 뛰어노는 초등학생들을 보면 한국 어른들은 "아이고, 다리 시리겠다"는 소리가 절로 나오기 때문이다.
　초등학생뿐만이 아니다. 유치원생도 한겨울에 양말 한 켤레를 신을 뿐이고, 여자 중고등학생 또한 한껏 접어 입은 짧은 교복 스커트에 맨다리로 거리를 활보한다. 어릴 때는 부모님이 내복을 입히고, 중고등학생 때는 파카에 아래는 체육복을 한 겹 더 껴입은 채 등교하던 내 학창시절과는 거리가 먼 모습에 일본 생활 10년 차인 나 역시 위화감을 느끼곤 한다.
　그런데 더 놀라운 것은 우리 아이가 일본 보육원에 처음 들어갔을 때다. 꽃샘추위가 매서운 4월 초였다. 아직 난방이 필요하고 두꺼운 겨울옷을 입고 다니던 때였는데, 보육원에서 아이에게 긴팔 내복, 솜옷, 뜨개옷 등을 입히지 말라고 했다. 게다가 보육원 안에서는 양말을 금지한다며 신고 있던 것도 벗겨버렸다. 우리 아이는 그때 겨우 백일을 넘긴 터였다. 한국에서는 따뜻한 보일러 방에서 누비 내복에 양말을 신고 지냈는데, 일본에 오자마자 저런 꼴이 되다니. 앙상한 맨발을 보고 돌아오던 길, 아기에게 미안한 마음에 눈물이 났다.

일본 보육원에서는 전체적으로 좋은 생활 습관과 교육을 실시한다고 생각하지만, 겨울 옷차림과 양말만큼은 처음부터 받아들이기 어려워 타협하는 데 시간이 꽤 걸렸다.

일본 보육원은 1년 내내 아이를 맨발로 지내게 했다. 아직 기지도 못하는 아기 때부터 걷고 뛰고 소풍을 가는 나이까지 아이는 몇 번의 겨울을 차가운 맨발로 지냈다. 몰래 양말을 신겨 데려가도 바로 벗기기 일쑤였다. 어느 해부턴가는 한겨울에 실내용 덧신을 준비해달라고 해서 신기도 했지만, 대부분은 그냥 맨발로 지냈다. 그러는 사이 아이도 맨발에 완벽히 적응한 것 같았다. 집에서 양말을 신기면 답답한지 바로 벗어버리기 일쑤고, 차 안에서도 신발이며 양말을 자꾸 벗으려 했다.

도쿄의 놀이방에 가도 마찬가지다. 크건 작건 아이가 놀이방에 들어가려면 양말을 벗어야 한다. 보육원에서와 마찬가지로 놀이방에서 양말을 신으면 미끄러져 다치기 쉽다는 게 이유다. 실제로 실내에서 양말을 신기면 기어오르고 내려오고 뛰어노는 아이들에게 때로 위험 요소가 되기도 한다. 흘러내리거나 벗겨져 미끄러질 수 있고, 다른 아이까지 위험에 빠뜨릴 수 있다. 하지만 요즘 아이들 양말에는 미끄럼 방지 고무를 덧댄 것도 많다. 미끄럼 방지 고무가 있으니 괜찮지 않느냐고 물어본 적이 있는데 "다른 아이들도 양말을 신지 않고 있으니 그렇게 하세요"라는 대답이 돌아왔다.

일본에서 아이들에게 맨발을 추천하는 이유는 또 있다. 아이들은 손과 발을 통해서 체온을 조절하기 때문에 되도록 꽁꽁 감싸지 않는 편이 좋다고 한다. 그리고 발바닥을 자극하면 뇌 발달에 좋다는 의견도 있다.

실제 맨발 교육으로 유명한 일본 야마나시 현의 한 유치원생들의 평균 지능은 한 살 위 아이들의 수치와 같았다고 한다. 발바닥을 자극하면 자율 신경이 발달하고 대뇌의 활동을 높여 지능이 높아진다는 것이다. 또한 평발을 예방할 수 있고, 운동신경 발달에도 도움을 준다고 해 많은 유치원과 보육원에서 맨발 교육을 실시하고 있다.

한겨울에 반바지를 입고 다니는 이유도 마찬가지다. 아이들은 계절을 직접 피부로 느끼면서 단련시킬 필요가 있고, 어릴 때는 기본적으로 활동량이 많고 대사가 좋아서 어른들이 생각하는 것만큼 추위를 타지 않는다고 생각한다. 그 때문에 한겨울에도 활동하기 편리한 반바지를 입히고, 상의 역시 두껍고 보온성 좋은 소재는 피한다. 얼음이 어는 한겨울에도 아이들의 실내복은 반팔 속옷 한 장과 티셔츠 한 장이다. 긴팔 내복과 두꺼운 옷을 입고 있으면 조금만 움직여도 땀을 흘리는데, 두꺼운 소재는 땀을 흡수하지 않아 오히려 감기에 걸리기 쉽다고 한다. 그래서 우리 아이의 보육원에서도 한겨울에 면 소재의 반팔 혹은 민소매 속옷 한 장에 면 소재 티셔츠 한 장을 입힌다.

한국보다는 덜 추워서 이런 옷차림이 가능하다는 생각도 들지만, 일본의 겨울은 뼈속이 시릴 정도다. 음습한 기운이 집 안을 떠돌고, 난방은 대부분 히터에서 나오는 따뜻한 바람뿐이어서 훈훈한 느낌이 전혀 없다. 히터에서 나오는 바람은 피부를 건조하게 하기만 할 뿐 코끝과 손발은 얼음장처럼 차갑다. 그래서 겨울이 되면 일본 사람들은 집 안에서 두꺼운 양말을 신고 유니클로 히트테크와 파카를 입고 고타쓰라 부르는 따뜻한 식탁에 앉아 지낸다.

그런데 아이들은 맨발도 모자라 반바지에 반팔 속옷이라니…. 머릿속으로는 이해를 하지만 여전히 신기하게만 느껴지는 일본의 겨울 풍경이다.

일본 엄마가 영어보다 생활 예절을 먼저 가르치는 이유는?
04

 가끔 아이를 보육원에 보내지 않고 내가 키웠으면 어떻게 자랐을까 상상해볼 때가 있다. 아기 때부터 보육원에 다니지 않았더라면 우리 아이는 감기를 달고 살거나 전염병에 걸리지 않았을지도 모른다. 한국어를 지금보다 훨씬 잘하고 분리 불안으로 슬퍼하지 않았을 수도 있다.
 그렇지만 나는 이제까지 아이를 일찍 일본 보육원에 보낸 것에 대해 후회하거나 되돌리고 싶다고 생각한 적이 한 번도 없다. 왜냐하면 내가 모르는 사이에 아이는 한 뼘씩 자라서 씩씩하고 자주적인 아이로 성장했기 때문이다.
 만 2세 무렵 어느 날 문득 식사하는 아이의 모습이 낯설었다. 아이는 자기 의자에 앉아 그릇에 고개를 가까이하고 숟가락을 꽉 쥔 채 밥을 먹고 있었다. 마치 국물 한 방울도 옷에 떨어뜨리지 않겠다는 의지를 보여주는 것 같았다. 얼마 전까지 턱받이를 하고 버리는 것 반 먹는 것 반이던 아이가 어느새 턱받이도 필요 없고 스스로 그릇으로 머리를 가져가는 어린이로 자라 있었던 것이다.

난 아이가 밥 먹는 모습을 물끄러미 바라보았다. 이런 연습은 언제부터 하기 시작했을까? 그때까지 나는 아이에게 고개를 더 들이밀거나 흘리지 말고 먹으라는 잔소리를 해본 적이 한 번도 없었다.

그 밖에 나로선 상상도 못하던 일을 아이는 보육원에서 배워 왔다. 예를 들면 생후 9개월 정도부터 벌써 컵 쥐는 연습을 시작했고, 만 한 살 무렵에는 알아서 두 손으로 컵을 쥐고 물을 마실 수 있었다. 집에서는 지금도 떠먹여줄 때가 많은데, 보육원에서는 만 한 살 반부터 밥이며 반찬을 깨끗이 비우고 친구들과 어울려 평소 먹지 않는 생채소를 먹기도 했다.

또 만 두 살쯤에는 개어놓은 옷 중 마음에 드는 것을 꺼내 입으려 했다. 보육원에서는 스스로 바지를 벗고, 기저귀를 벗고, 변기에 앉는다고 했다. 신발 역시 비록 짝짝일지라도 스스로 신고, 자기 사물함에서 갈아입을 옷을 챙겼다. 내가 아이에게 가르친 생활 습관은 거의 없었다. 보육원의 리듬에 맞춰 먹이고 재우고 씻겼을 뿐이다. 그 밖의 습관은 대부분 보육원에서 아이 스스로 터득했다. 겨우 만 두 살에 이런 일이 가능하다니, 나는 보육원을 절대적으로 신뢰하지 않을 수 없었다.

가장 충격적이었던 성장은 아이 스스로 정리를 하는 것이었다. 집에서는 언제나 보지도 않는 책을 다 꺼내놓고, 장난감 상자는 일단 다 뒤집어놓고 시작하는 아이였다. 그런데 보육원에서는 갖고 놀던 인형을 제자리에 갖다 놓은 후 소꿉놀이 상자를 꺼냈다. 그 다음 놀이를 할 때도 마찬가지였다. 오래된 습관처럼 모든 물건을 원래 자리에 되돌려놓았다. 나는 아이에게 정리를 바란 적도 없거니와 당연히 가르친 적도 없어 그런 모습이 정말 충격이었다. 만 두 살은 스스로 할 수 있는 일이 생각보다 훨씬 많은 나이라는 것도 처음 알았다.

<u>일본 보육원은 이렇게 아이들에게 아주 어렸을 때부터 자기 일은 알아서 스스로 하는 법을 연습시킨다. 못한다고 소리 지르거나 윽박지르는 것이 아니라 그냥 꾸준히 설명하고 설득해서 그것을 당연하게 받아들이도록 한다.</u> 개월 수가 빠른 아이들은 좀 더 빨리 방법을 익히고 아직 그보다 어린 아이들은 좀 더 큰 아이들을 보면서 자극을 받아 열심히 노력한다. 서로가 서로에게 좋은 자극을 주고 뭐든지 <u>스스로</u> 할 수 있다는 자신감을 키워주는 것이 보육원의 역할인 듯했다.

만 3세부터는 아이가 직접 가방을 메고 등원해야 한다. 스스로 필요한 물건 챙기는 법을 배우고, 자기 짐은 자기가 들어야 한다는 것을 몸에 익힌다. 만 4~5세가 되면 각 클래스를 돌면서 인원 파악을 하고 급식 당번을 맡는다. 선생님들과 함께 더 어린 아이들을 돌보는 연습도 한다.

일부 영어 보육원을 제외하고 일반 보육원에서는 따로 영어를 가르치거나 문제집을 풀거나 공부를 시키지 않는다. 여름에는 물놀이를 하지만 정식으로 수영을 가르치지 않는다. 아이들의 일과는 대부분 운동장에서 뛰어놀고, 정원의 꽃과 풀과 벌레를 기르며 관찰하고, 어린이날이나 칠석 등 일본의 전통 행사를 즐기는 것이다. 그래서 비록 조기 영어 교육은 못 받았을망정 자기 일을 스스로 할 줄 알고, 자기보다 어린 아이들을 돌볼 줄 알고, 1년 내내 구릿빛 피부로 건강하게 뛰어논다.

물론 일본에서도 많은 부모들이 아이들의 교육에 신경을 쓴다. 그래서

만 5세까지 낮잠을 재우고 교육 커리큘럼이 없다는 등의 이유 때문에 사립 유치원으로 옮기는 부모들이 많다. 그렇지만 유치원이라고 해서 공부만 시키는 곳은 절대 아니다. 유치원 면접에서부터 아이가 부모와 떨어져 잘 지낼 수 있는지, 화장실은 혼자 갈 수 있는지 등의 자율성을 심사해 당락을 결정짓기 때문이다.

요즘 같은 저출산 시대에 형제자매 없이 자라는 많은 아이들에게 필요한 교육은 어쩌면 생존 능력 향상일지도 모른다. 뭐든 부모가 해주는 환경에서 자라 갑자기 시련이 닥치면 이겨내지 못하고 절망에 빠져버리는 아이들이 의외로 많기 때문이다. 그래서 나는 일본의 영아, 유아 보육 시스템이 좋다고 생각한다.

아이들은 아이답게 좀 더 많이 뛰어 놀고 많이 경험해야 한다. 다문화가정으로서 여러 선택지가 있음에도 불구하고 우리가 연고 하나 없는 일본에서 아이를 키우는 이유는 바로 이 때문이다.

일본 아이들이
모두 란도셀을 메는 이유는?
05

일본 초등학생은 등하굣길에 정해진 차림이 있다. 둥근 챙 모자에 란도셀(ランドセル)이라 불리는 볼록한 가죽 가방이 그것이다. 보통 초등학교 저학년은 노란색 모자에 노란색 가방 커버 등을 사용하는데, 이는 검은 아스팔트 길을 걸어갈 때 운전자들의 눈에 잘 띄어 사고를 예방하기 위해서다. 그리고 혹시 넘어지는 사고가 있더라도 머리를 보호하기 위해 모자는 필수다.

나도 아이가 일본 보육원에 들어가서 혼자 설 수 있게 되자마자 모자를 준비해 달라는 부탁을 받았다. 헬멧도 아니고 그냥 고무줄 달린 천 모자였기 때문에 크게 도움이 될까 싶어 못미더웠지만, 모자를 쓰는 것만으로도 열사병 방지, 머리 보호 등 여러 가지 효과가 있다는 말을 듣고 씌우지 않을 수 없었다. 보육원의 안전 규칙은 엄격해서 모자를 쓰지 않으면 미끄럼틀도 탈 수 없을 정도였다.

유치원생이나 초등학생이 되어도 통학과 체육 시간에는 반드시 모자를 착용한다. 초등학생은 학년별로 모자 색깔을 달리해 구별하며 편을 나눠 체육 대회를 할 때도 유용하게 활용한다.

통학 모자도 신기하지만 외국인 눈에 더욱 낯선 것은 초등학생의 가방이다. 내가 어렸을 때 책가방이라면 캐릭터가 그려진 가방이 유행이었고, 보통 천으로 만든 가벼운 것을 선호했다. 하지만 일본에 와서 보니 저학년이든 고학년이든, 교복 학교든, 사복 학교든 하나같이 가죽 가방을 메고 다녀서 신기했다.

초등학교에 교복은 없어도 가방은 정해진 게 있나 생각했는데, 나중에 알고 보니 공립 초등학교에는 정해진 가방이 없었다. 아이의 취향대로 아무것이나 메고 다녀도 되는데, 란도셀이라는 가죽 가방을 메니 너도 나도 입학 전에 모두 란도셀을 사는 것이다.

그런데 가방의 가격을 듣고는 더 깜짝 놀랐다. 가죽으로 만든 만큼 저렴한 것이라 해도 3만 엔 이상이고 조금 유명한 브랜드는 5만 엔을 훌쩍 넘는다.

가격 차이가 있다 보니 제일 잘 팔리는 란도셀은 조금 저렴한 것일 듯싶지만, 2015년 대형 쇼핑몰 라쿠텐의 란도셀 판매 순위를 보면 1~10위중 6개 이상이 5만 엔 이상이다. 아이 가방 하나에 한국돈으로 50만 원이라니, 평소 절약하는 일본인도 아이에게는 돈을 물 쓰듯 쓰는구나 싶었다.

일본의 란도셀 역사는 의외로 깊다. 처음에는 에도(江戶)시대 네덜란드에서 들여온 군인들의 장비 가방으로 쓰였는데, 배낭을 뜻하는 네덜란드어 '란셀'이 변화해 '란도셀'로 굳었다고 한다. 란도셀이 학생 가방으로 쓰이기 시작한 것은 1887년 당시 황태자(훗날의 다이쇼 천황)가 가쿠슈인초등과(学習院初等科)에 입학하자, 이토 히로부미가 축하 선물로 보낸 게 계기가 된 것으로 알려져 있다.

가죽으로 만든 가방에 문양을 새긴 란도셀은 그 당시 굉장한 사치품이었고, 왕족의 가방으로 알려지면서 부자들 사이에서 유행하기 시작했다. 란도셀이 시중에 널리 퍼진 것은 서민들에게도 경제적 여유가 생긴 1950년대 후반 고도 경제 성장기 때부터이다. 이렇게 시작된 란도셀의 역사는 현재까지 이어져 손자손녀의 초등학교 입학 선물로 조부모가 보내는 선물의 대명사가 되었다.

란도셀이 1년 중 가장 많이 팔리는 시즌은 여름이다. 초등학교 입학식은 4월인데 한참 전인 여름에 란도셀이 가장 잘 팔리는 것이다. 2013년 NHK 보도에 따르면, 예전에는 연초에 팔리던 란도셀의 판매 시기가 점점 앞당겨져 여름이 본격적인 시즌이 되고 있다고 한다.

이는 란도셀 구매자가 대부분 조부모이기 때문인데 리세맘(リセマム) 조사에 따르면, 란도셀을 구입하는 사람은 외조부모가 42.9퍼센트, 조부모가 27.0퍼센트로 10명 중 7명은 조부모인 것으로 나타났다. 할아버지 할머니와 온 가족이 다 모이는 8월 명절에 초등학교 입학을 앞둔 손자손녀에게 선물로 건네는 것이 새로운 풍속이 되었다는 것이다. 경제적 여유가 있는 조부모는 손주의 평생 하나뿐인 가방을 선물하는 것이기 때문에 비싼 것도 서슴지 않는다. 그래서 매년 일본에서는 10만 엔을 호가하는 고가 란도셀 가방이 뉴스를 장식하곤 한다.

그렇지만 란도셀은 단순한 사치품이 아니다. 일본 내에서도 무거운 가죽 가방을 아이들에게 메게 할 것인지 찬반 여론이 있지만, 이왕 살 것이면 6년 동안 매일같이 사용할 질 좋은 가방이어야 한다는 데는 이견이 없어 보인다.

<u>일본의 많은 공립학교는 사물함이 없고 교과서 및 공책, 연락장 등 무거운 짐을 매일같이 들고 다니게 한다. 짐을 학교에 두면 안 되는 이유는 둘 곳도 없거니와 책을 가지고 가서 숙제와 공부를 하라는 목적도 있고, 만에 하나 책을 학교에 두고 다니다가 분실할 경우 도난 사건처럼 민감한 문제가 벌어지기 때문이다.</u> 매일 쓰는 교과서나 체육복 등의 분실은 왕따 문제로 번질 수도 있어 굉장히 경계한다. 그래서 일본 아이들에게는 많은 짐을 넣고 다녀도 모양이 흐트러지지 않고 찢어지지 않는 튼튼한 란도셀이 필요하다.

내가 아는 어떤 엄마는 아이가 란도셀을 싫어해서 천으로 된 가방을 사줬는데 얼마 지나지 않아 금방 찢어지고 낡아버렸다며, 여러 개 바꾸느니 차라리 비싼 란도셀 하나로 6년을 나는 게 경제적이라고 말했다. 그 말을 듣고 보니, 오랜 역사 동안 란도셀이 일본 학생들의 가방으로 정착한 이유를 납득할 수 있었다.

일본의 란도셀은 해외에서 패션 아이템으로 소개되기도 하며, 요즘은 중국 조부모들의 손자손녀 선물로도 인기라고 한다. 한국에서도 일부 강남 부유층 아이들의 가방으로 알려지고 있어 부모 피를 빨아 먹는 '새로운 등골 브레이커' 품목으로 등극했다는 뉴스를 봤다.

그렇지만 과연 해외에서 란도셀이 필요한 이유, 비싼 이유를 알고나 사는 것인지 궁금하다. 아이들의 키가 자라지 않을까 책가방을 메지 못하게 바퀴 달린 여행 가방을 끌고 다니게 한다는 극성 엄마들이 가방 자체 무게만도 1킬로그램이 훌쩍 넘는 란도셀을 사는 이유가 과연 무엇일까. 세상엔 참 별일도 많다.

조용한 일본 엄마가
아이를 혼내는 방법은?
06

어느 날 마트에 갔더니 초등학교 1학년쯤 돼 보이는 딸과 어머니가 장을 보고 있었다. 딸은 과일이 먹고 싶은지 사과와 오렌지를 한 번씩 들었다 놨다. 그때까지 상냥하던 어머니가 표정을 싹 바꾸며 "상품을 그렇게 만지지 마세요. 만질 거면 사세요"라고 말했다. 아이는 과일에서 금방 손을 떼고 돌아섰다. 그 모습을 지켜보면서 나는 또 반성했다. 나는 아직 딸이 어리다고 생각하고 공공장소에서 제멋대로 굴어도 단호하게 혼내거나 설득하지 못한다. 빨리 그 상황에서 벗어나기 위해 신경을 딴 데로 돌리게 하거나, 소리 지르는 아이에게 엄한 얼굴을 보여줄 뿐이다.

나도 내가 한심한 엄마라는 것은 잘 알고 있지만 변명거리는 있다. 해외 생활을 하며 여러 사람이 있는 장소에서 한국어로 아이를 혼내는 것은 꽤 눈치 보이는 일이다. 괜히 소란을 일으켜서 한국인 이미지를 떨어뜨리고 싶지 않다고나 할까. 아니, 그냥 남들 눈에 띄고 싶지 않다고 해야 할까. 어쨌든 그런 복잡한 심정으로 떼쓰는 아이를 끌고 나온다.

그런데 앞서 소개한 엄마가 아니더라도 일본 엄마들을 살펴보면 아이에게 끊임없이 말을 걸고 설명해준다. 혼낼 때는 왜 안 되는지 따끔하게 이유를 들어 설명한다. 그리고 여러 명이 일을 저질렀을 경우 자기 아이만 혼내고, 자기 아이 때문에 이렇게 된 거라며 사과를 한다. 친구들이 오히려 미안해하는 방법이다.

어느 날, 비가 온 후 물웅덩이에서 놀고 있는 세 아이 중 한 아이의 엄마가 말했다. "얼른 나와라. 언니인 네가 들어가서 노니까 어린 동생들도 따라 하잖아. 내일 또 비가 온다는데 레인 부츠에 물 들어가면 안 되겠지?" 그러자 그 아이뿐만 아니라 물웅덩이 놀이를 하던 다른 아이들도 같이 나왔다. 나 같으면 우리 아이만 당장 끌고 나왔을 텐데, 그 엄마는 물웅덩이에서 놀면 안 되는 이유를 대고, 같이 놀던 다른 아이들이 스스로 나오게끔 이성적으로 설득하는 법을 알고 있었다. 나는 또 그 모습을 보며 감탄했다.

이런 광경은 일본에서 매일같이 볼 수 있다. 감정적으로 폭발해서 아이에게 버럭 화를 내는 엄마는 이제까지 한두 번 봤을 뿐이고, 대부분의 엄마들은 단호하지만 명료하게 설득해 아이가 꼼짝할 수 없게 만들었다. 엄마의 이런 반응에 아이들은 금방 "미안해요", "잘못 했어요"라고 말한다. "미안합니다" 같은 인사와 대답을 거의 반사적으로 하게끔 훈련받았기 때문이다.

나는 일본 아이들이 엄마 말을 잘 듣고 떼를 쓰지 않는 것은 엄마들의 육아법에서 비롯된 것이라 생각한다. 일본 엄마들은 아이에게 끊임없이 설명하고 설득한다. "밖에서는 다른 사람들에게 폐가 되니까 큰 소리를 내면 안 된단다." "먼저 온 사람이 있으니까 차례를 지켜서 이용해야지." "친구들을 만나서 기분이 좋지? '안녕' 하고 크게 인사해야지." 처음에는 아직 말도 못하는 아기에게 계속 설명하는 모습이 참 별나 보였다. 하지만 시간이 지나 만 한 살, 두 살, 세 살이 거듭할수록 효과가 나타나 예의 바른 아이로 성장했다.

어느 날 보육원에서 한 남자아이가 친구에게 장난감을 양보하는 장면을 목격했다. 그런데 재미있는 것은 그걸 지켜보던 옆의 여자아이였다. 여자아이는 앙칼진 목소리로 "고맙다고 했니? 친구가 양보해줬으니까 고맙다고 말해야지"라며 남자아이에게 훈계를 하고 있었다. 아마 그 여자아이는 엄마에게 이런 말을 수없이 들었을 것이다. 겨우 만 두 살에 엄마 말을 그대로 흉내 내며 '고맙다'는 인사를 강요하는 아이를 보며 피식 웃음이 나면서도 일본 엄마들의 교육 효과에 감탄하지 않을 수 없었다.

일본 NHK 방송문화연구소에서 지난 30여 년간 일본 부모의 자녀 교육에 대한 의식을 조사했는데, 그에 따르면 어떤 부모가 되고 싶은지에 대한 질문에 '아이가 해달라는 대로 해주지 않는 엄격한 어머니'가 줄곧 1위를 차지했다. 또 가정교육에서 가장 신경 쓰고 있는 부분은 '아이가 나쁜 짓을 하지 않도록 엄하게 혼내는 것'이 70퍼센트 이상으로 높게 나왔다. 물론 시대의 흐름에 따라 '가능한 한 아이의 자유를 존중해주는 부모'가 되고 싶다는 비율도 점점 늘어나는 추세지만, 일본 사람들은 여전히 부모의 주요 역할은 아이가 바르게 크도록 돕는 것이며, 사회에서 타인에게 피해를 주지 않도록 키우는 것이라고 생각하는 듯하다.

아울러 2013년 조지루시사(象印社)에서 만 3~6세 아이를 가진 수도권과 관서권(関西圏)의 부모 400명을 대상으로 실시한 설문 조사에 따르면 가족 중 아이의 훈육을 담당하는 사람은 50~80퍼센트 이상이 '엄마'라고 답했다. 아빠들에 비해 엄마들은 '우리 아이의 훈육을 잘 하고 있다'라고 생각하지 않는 것으로 나타났고, 특히 직장에 다니는 엄마일수록 그렇게 생각하는 비율이 높았다.

한편 일본 부모들이 가장 신경 쓰고 있는 훈육 항목은 다음 순서로 나타났다.

'다른 아이를 다치게 하는 것.'
'차가 다니는 길에 뛰어드는 것.'
'슈퍼에서 구입하기 전에 봉투를 여는 것.'
'놀이터 등에서 끼어드는 것.'
'다른 아이의 물건을 뺏는 것.'
'전철 등 대중교통을 이용할 때 떠드는 것.'

주목할 만한 것은 위 항목에 대해 57~95퍼센트의 부모가 굉장히 엄하게 주의를 준다고 답했다는 것이다.

훈육에 대한 모든 답변에서 아빠보다 엄마들이 더 엄하게 주의를 주는 것으로 나타났다. 특히 직장맘은 슈퍼나 전철 등 공공장소에서의 매너에 엄격했고, 전업주부는 예의나 인사 등에 더욱 엄격한 것으로 나타났다. 또 일본 사회에서는 체벌에 대한 부정적 인식이 널리 퍼져 있지만, 훈육을 위해서는 '매를 들 수도 있다'라고 생각하는 부모의 비율이 61.5퍼센트로 과반수를 넘는 것으로 조사됐다.

<u>일본의 많은 육아서는 아이에 대한 훈육은 엄마가 하고, 아빠는 가끔 혼</u>

내되 엄마 편을 들어줘야 한다고 말한다. 그래서 부모에 대한 일본 아이들의 이미지가 엄마는 '잔소리', 아빠는 '엄격'인 듯하다. 하지만 일본이 이렇게까지 질서정연하고 조용하고 안전한 나라로 전 세계에 알려진 것은 아이가 태어날 때부터 끊임없이 훈육하는 수다쟁이 엄마의 역할이 가장 클지도 모르겠다.

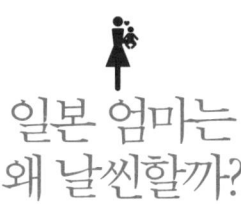

일본 엄마는
왜 날씬할까?
07

 딸이 다니는 보육원의 엄마들은 참 날씬하다. 아기 낳은 엄마 맞나 싶게 갸녀린 몸으로 아기띠를 메고 큰 아이를 자전거 뒷좌석에 태운 채 달리는 모습이 인상적이다. 보육원에 아이를 보내는 엄마들은 대부분 일하는 엄마이기 때문에 날씬한 것일 수도 있다. 실제로 직장에서 만나는 일본 엄마들은 60퍼센트 이상이 날씬하다.

 아이 엄마인데 왜 그렇게 날씬하냐고 물어보면 요리도 좋아하고 아이들, 남편 밥 챙기는 것도 잘하지만 정작 자신은 안 먹는다고 한다. 아이들이 어릴 때는 식사 습관을 들이기 위해 같은 식탁에 앉아 그릇을 전부 비우는 연습을 시킨다. 하지만 아이들이 조금 크면 엄마들은 자녀의 식사를 챙겨주고 자신들은 대충 먹는 경우가 많다.

 내가 아는 날씬한 엄마들은 일단 먹을 것에 대한 집착이 없고, 건강이나 자기 관리에 관심이 많다. 웬만한 거리는 자전거로 이동하고 운동도 거르지 않는다. 내가 일반 직장에 다닐 때 일본 여직원한테 늦게 퇴근해서도 저녁을 먹느냐는 질문을 받은 적이 있다. 나는 당연히 푸짐하게 차려 먹는다고 했다. 그러자 그녀는 놀라며 일본 여자들은 시간이 늦으면 그냥 굶는다는 이야기를 해주었다. 역시 날씬한 데는 다 이유가 있었다.

한국도 그렇지만 일본에서도 임산부는 임신 기간 내내 혈압과 몸무게를 검사받는다. 알려진 대로 일본에서는 임산부의 체중 관리가 엄격한 편이다. 만약 체중 관리에 조금이라도 소홀하면 엄마 수첩에 바로 '체중 증가 경고' 스탬프가 찍힌다. 내가 아는 한 임산부도 체중 관리를 하느라 애를 썼지만 2주에 3킬로그램이 늘었고, 이미 스탬프를 한두 번 찍은 터라 병원에서 식단표를 받아왔다. 물론 그걸 그대로 따르라는 것은 아니다. 하지만 <u>스스로 조절이 안 되면 식단을 참고해 '임신 중 다이어트'를 하도록 요구받는다. 특히 임신 초기에는 아기가 먹고 싶어한다는 것은 핑계라며 단 1~2킬로그램이라도 증가하면 의사 선생님의 따가운 눈총을 받아야 한다.</u>

입덧을 해서 오히려 살이 빠져도 링거를 맞는 경우는 극히 드물다. 일본 생활이 길어지면서 나는 종종 한국 병원과 일본 병원의 차이점을 느끼는데, 한국 병원은 식사를 잘 못하거나 탈수가 염려되면 바로 링거를 맞추거나 효과 빠른 약을 권하는 등 어떤 증상에 대해 즉시 해결 방법을 제시하는 편이다. 그에 반해, 일본 병원은 '스스로 회복할 수 있을 때까지 일단 지켜보자' 주의다. 입덧 역시 대부분의 임산부가 어느 시기에 이르면 완화되는 증상이므로 이를 위한 처방도 링거도 거의 없다. 나는 임신 중기 이후 심각한 식도염에 시달렸다. 식도가 타는 듯한 괴로움을 이기지 못해 병원을 찾았다. 앉지도 눕지도 못하고 먹는 게 두렵다고 했지만 의사의 말은

"이 시기만 지나면…"뿐이었다. 식도염은 결국 출산할 때까지 계속 나를 괴롭혔다.

아무런 처방 없이 힘든 입덧 시기를 겪어서 그런가, 산부인과 대기실의 엄마들은 물론 밖에서 마주치는 임산부들도 하나같이 날씬했다. 임신 중기까지 임신 전 몸무게를 유지하거나 더 빠지는 엄마들도 많이 있었다. 언젠가 일본 TV에서 나오는 아나운서가 임신으로 휴직을 앞두고 인사하는 장면이 있었다. 그런데 아나운서가 "현재 임신 8개월이고요, 몸무게는 1킬로그램 늘었습니다"라고 말하자, 출연진들이 "관리 잘하고 있네요. 잘 낳을 수 있겠어요."라며 칭찬을 해주는 것이었다. 임신 8개월에 1킬로그램 증가라니, 정말 내 귀를 의심하지 않을 수 없었다.

일본에서 보통 임신 후 출산 전까지 허용하는 몸무게 증가는 7~8킬로그램이다. 다들 이렇게 체중 관리를 하니까 출산 후에 바로 보통 때 몸 혹은 더 날씬한 몸이 되는구나 싶었다. 주변의 임산부들 이야기를 들어보면 임신했다고 해서 더 먹는다거나 특별히 덜 움직이거나 하지도 않았다. 오히려 위에 부담이 되지 않도록 나트륨 섭취를 줄이고, 저녁을 최소한으로 먹거나 아예 안 먹는다는 임산부들도 있었다. 이런 이야기를 들으며 어떤 상황에서도 침착한 일본인 특유의 평정심 같은 게 느껴지기도 했다. 운동을 하거나 집안일을 하는 것에 대해서도 크게 제한을 두지 않았고, 심지어는 만삭까지 임산부가 자전거를 타고 산부인과에 왔다 갔다 하는 경우도 많았다.

그렇지만 이런 지나친 체중 관리에 따른 문제점도 제기되고 있다. 일본 후생노동성 조사에 따르면 태어날 때 몸무게가 2.5킬로그램 이하인 저체중아 비율이 1980년대 5.2퍼센트에서 2009년에는 9.6퍼센트로 크게 늘어났다고 한다. 신생아 10명 중 1명은 저체중아라는 얘기다. 저체중아를 출산하는 이유에 대해서는 고령 임산부 증가, 여성의 흡연율 증가, 불임 치료 등으로 인한 다태아 출산 증가, 임산부의 다이어트로 인한 영양 부족 등이 손꼽히고 있다. 예전에는 "작게 낳아 크게 키우라"는 말이 유행이었지만, 현재는 성인병 요인의 70퍼센트는 태아기의 영양 부족이라고 알려져 있다. 그래서 현재는 임산부가 심한 다이어트를 하지 않도록 병원에서 엄격하게 관리를 하고 있다.

체중 관리에 엄격한 일본 엄마들은 출산 후에도 산후 조리 없이 바로 일상으로 돌아가고 자연 분만, 모유 수유를 당연시하기 때문에 날씬한 몸매를 유지하는 듯하다. 임신 중의 다이어트라니, 외국인의 눈에는 좀 냉정해 보이기도 하지만 일본에서는 이렇게 임산부의 체중 관리를 철저히 실시하면서부터 임산부 고혈압, 당뇨 등의 임신중독증을 훨씬 낮출 수 있었다고 한다. 평생 몇 번 안 되는 임신 때만이라도 실컷 먹어보고 싶은 나로서는 불만이 많지만 말이다.

부모가 없어도 아이는 크지만,

아이 없이 부모는 자라지 않는다.

–미야베 미유키(宮部みゆき, 소설가)

 The Power of japanese Mother

2부
지혜로운 일본 엄마의 자녀교육법 7가지

......

일본에는 공부에 뜻이 있고 기업에 취업하고 싶은 사람이 아닌 이상 대학에서 허송세월을 보내고 싶지 않다고 생각하는 젊은이들이 많다. 그리고 부모도 자녀들의 선택을 존중해주는 편이다. 기술을 인정해주고 기술만 있다면 성공할 수 있다고 믿기에 누구나가 대학에 목숨을 걸지 않는다.

# 아이 스스로 힘을 기르게 하는 일본 엄마의 자녀교육법
08

내가 제왕절개로 아이를 낳고 생후 5개월부터 분유 수유를 했다고 하면 다들 이상하게 바라본다. 아이나 나에게 문제가 있었다고 생각하는 것 같다. 사실 나는 양수가 일찍 터져 아이를 빨리 낳아야 했지만, 생명이 위험한 응급한 상황은 아니었다. 그저 내가 힘들어하니까 간호사 선생님과 친정어머니가 수술을 권했고, 사인 한 번으로 간단히 제왕절개 절차를 밟은 것뿐이다.

그런데 일본에 돌아와서 제왕절개가 굉장히 드문 일이라는 것을 알았다. 아이의 소아과 검진 때마다 제왕절개 출산을 문제삼았고, 반드시 그 이유를 물어봤다. 일본 사람들에게 제왕절개는 개인이 할 수 있는 선택지가 아닌 탓이다.

내가 알고 있는 일본 사회는 전체적으로 보수적이고 전통적인 스타일을 고집한다. 임신과 출산에서만 보더라도 늦게까지 성별을 안 가르쳐주고,

특별한 이유가 없으면 며칠 고생하더라도 진통 끝에 아기를 낳아야 한다. 무통 분만이나 수중 분만 등은 가뜩이나 비싼 출산비에 추가 요금이 붙어 부자들에게나 해당하는 이야기이고, 보통 사람은 분만할 병원을 예약하는 것만으로도 벅차다. 그만큼 아이를 낳을 수 있는 병원이 적기 때문이다.

아이가 태어나고 나서는 새로운 문제에 직면했다. 아이가 아파서 병원을 가도 약을 주지 않는 것이었다. 소아과 의사 선생님은 항상 "아기 스스로 이겨내야 한다. 열이 나는 것은 열심히 싸우고 있는 증거"라며 만 1세가 될 때까지는 감기에 걸리거나 열이 나도 약을 주지 않았다. 밤새도록 아기를 간호해야 하는 나는 사실 화가 났다. 코가 막혀서 우유도 잘 못 마시는 아기에게 스스로 이겨내라니 너무 가혹한 진단 같았다. 하지만 다른 병원이나 약국에 가도 듣는 말은 같았다. 아기는 지금 나쁜 균을 내보내고 있는 중이니 콧물도 열도 설사도 일부러 멈추게 할 필요가 없다는 것이다.

한 번은 아기가 수족구병에 걸려 입안이 다 헐었다. 일본에서는 수족구병에는 약도 없다며 물 한 모금만 삼켜도 괴로워하며 침을 흘리는 아이에게 아무것도 해주지 않았다.

며칠 뒤 한국에 갈 일이 생겨 비행기를 타도 된다는 일본 의사의 진단서를 들고 한국에 갔다. 시간을 내서 아이와 함께 한국 소아과를 방문했는데 수족구병 치료제는 아니지만, 아이의 통증을 완화하고 탈수를 방지하는 약을 처방해줬다. 어느 쪽이 옳다고 할 수는 없지만 아이가 덜 괴로워하며 음식을 먹기 시작했을 때 나는 겨우 안도했다. 과도한 양약 복용이 몸에 안 좋다는 것은 알지만, 한시라도 빨리 고통으로부터 아이를 해방시켜주고 싶은 마음이 더 컸던 것 같다.

아이가 37.5도 이상의 열이 있거나 증세가 있을 때는 보육원에 보낼 수 없다. 게다가 가벼운 증상이라도 소아과의 허락이 없으면 보낼 수 없는 경우도 있다. 아이가 아무런 이유 없이 열이 나면 나는 약도 없고 맡길 사람도 없는 답답한 상황에서 일을 취소하고 며칠 동안 회사를 쉬어야 했다. '열이 좀 있어도 잘 먹고 잘 놀 때는 조금 사정을 봐주면 좋을 텐데'라는 이기적인 생각도 들었지만, 규칙이 철저한 일본 사회에서는 그 누구라도 예외가 될 수는 없었다.

그렇지만 의외였던 것은 모유 수유다. 보통 한국에서는 아이가 젖을 끊을 때까지 분유 없이 모유로만 키우는 상태를 '완모'라 부르고 아이와 산모의 건강을 위해 이를 권장한다. 이것은 일본도 마찬가지여서 많은 엄마들이 당연하게 모유 수유를 하고 있다.

그래서 나는 아이를 맡아주는 보육원에서도 당연히 모유 수유를 도와줄 거라고 생각했다. 하지만 내가 아이를 맡긴 보육원에서는 들어간 지 한 달도 안 되어 완전 분유 수유로 바꿔보는 게 어떻겠느냐고 제안했다. 당시 나는 출근하기 전에는 모유, 보육원에서는 분유, 퇴근 후에는 모유 등 혼합 수유를 하고 있었다. 사실은 보육원 안에서도 모유를 먹이고 싶어 모유 저장팩을 다량 구입해뒀지만, 보육원에서 냉동 저장 모유를 받아주지 않았다. 게다가 단유를 권하다니 충격이 아닐 수 없었다.

모유가 좋다는 것은 누구나 알고 있는 사실이지만 보육 기관에 아이를 맡긴 상태에서 이를 고집하는 것은 현실적으로 어려움이 있다. 모유를 유축해서 전달하고, 아기가 마시기까지 위생 면이나 관리 면에서 세심한 주의가 필요하다. 보육원에서는 열탕 소독한 젖병과 정해진 분유만을 사용

했는데, 이름을 쓴 냉동 모유까지 일일이 관리하는 것은 어려운 일이었을 것이다. 더욱이 전례가 없는 경우라면 모유 보관부터 해동까지 모든 게 익숙하지 않아 실수를 할 수도 있고, 버리는 경우에도 이유를 설명해야 하므로 귀찮은 일이 한두 가지가 아니다. 우리 아기의 경우에는 그 무엇보다 수유 리듬을 잡아주기 위해 보육원에서 분유 수유를 권했던 것 같다.

일본 보육원은 다른 규칙도 까다롭지만, 식사와 위생에 대해 특히 엄격하다. 정해진 시간 외에는 아무것도 먹을 수 없고 아이를 데리러 갔을 때도 건물 내에서는 간식을 주거나 먹게 할 수 없다. 만 1세까지는 매일 목욕을 하고 있는지 선생님께 보고해야 하고 매주 운동화, 모자, 이불 커버를 세탁해야 한다. 여름에는 매일 수영복과 목욕 수건을 세탁해서 아침마다 갈아준다.

또 만 1세까지는 아이의 1일 24시간 생활 기록을 매일 제출해야 한다. 몇 시간 간격으로 분유를 마셨고, 언제 잠들었고, 언제 배변을 했는지 철저하게 관리한다. 보육사들은 그 생활 기록을 바탕으로 아이의 개월 수에 맞춰 분유 간격을 더 늘렸으면 좋겠다거나 낮잠을 줄이고 밤잠을 늘리라거나 하는 조언을 해주었다. 우리 아이는 좀 작게 태어났고 몸무게가 적은 편이었지만 이런 관리 덕분인지 6개월 무렵부터 성장 속도가 급속히 빨라져 표준 신장에 표준 체중의 아이로 자랐다.

반대로 같은 반에는 꽤 통통한 편인 아기가 있었는데 생활 기록을 보니 1~2시간 간격으로 분유와 모유를 번갈아 먹이고 있어서 당장 관리 대상이 되었다. 미얀마 출신인 그 애의 엄마는 매일 선생님들에게 잔소리를 들어야 했고, 결국 보육원을 그만뒀다. 같은 외국인 엄마에 아기도 어려서 동지 같은 존재였는데, 그녀가 그렇게 그만두고 나니 섭섭한 기분도 들고 타국에서 아기를 키우는 게 쉽지 않은 일임을 절감했다.

그 후 이유식을 할 때도 보육원에서는 매달 새로운 미션을 내려주었고, 알레르기 반응이 나타나면 한 아이 한 아이를 위해 알레르기 대책 이유식과 유아식을 제공했다. 만 1세가 넘었을 때는 젖병을 쓰고 분유를 마시는 아이들의 엄마가 모두 관리 대상이 되었다. 분유를 먹이고 싶으면 컵에 따라 마시게 하고, 되도록이면 그냥 우유를 마시게 하라고 권했다.

만 1세 6개월 때는 소아과에서 발달 정기검진을 받아야 하는데, 이때까지 모유나 젖병을 쓰고 있으면 충치의 원인이 된다며 경고를 받는다. 이렇게 일본 아이들은 만 1세가 지나면 모유도, 분유도 끊어야 한다. 모유를 끊는 기분은 엄마에게나 아이에게나 뭔가 연결된 끈이 하나 떨어져나가는 것처럼 서운한 일이지만 엄마와 아기가 독립하기 위해 반드시 필요한 단계이며 일본에서는 이를 1년이면 충분하다고 생각한다.

한 번은 보육원의 간호사와 면담할 때 아기 목욕에 관한 이야기를 나눴다. 우리 부부는 아이가 추울까 봐 거실에 방수 매트를 깔고 아기 욕조에 더운 물을 받은 다음 난방기를 틀고 목욕을 시켰다. 그 말을 들은 간호사는 굉장히 놀랐다는 표정을 지으며 아이 목욕을 그렇게 힘들게 시킬 필요는 없다고 잘라 말했다. 그리고 추위에 민감해할 필요가 없으며, 목욕은 부모와 아기의 좋은 의사소통 방법이기 때문에 욕조에서 엄마와 함께 알몸으로 하는 것이 아이에게 좋은 일이 될 것이라고 진지하게 충고해줬다.

하지만 나는 산후조리원에서부터 친정어머니에 이르기까지 아기 목욕은 까다로운 일이어서 신중히 조심스럽게 시켜야 하며, 아기 욕조에 물을 받아 춥지 않게 얼른 시켜야 한다고 배웠다. 그리고 무조건 아이를 따뜻하게 길러야 한다고 믿는 중국에서 자란 남편 역시 아이 목욕에 대해서는 일본 방식을 못마땅하게 여겼다. 하지만 언제까지나 아이 목욕을 시키기 위해 욕조를 나르고 난방을 하는 등의 의식을 치를 수는 없었다.

 결국 아이가 조금씩 커가면서 우리도 더 이상 거실에서 목욕시키는 것은 무리라는 것을 깨달았고, 엄마 아빠와 함께 알몸으로 목욕하면서 나누는 많은 대화와 놀이에 대해서도 눈을 떴다.

 목욕은 일본 문화를 대표하는 것 중 하나인데, 한여름에도 매일 욕조에 들어가는 게 원칙이다. 아기는 큰 병에 걸리지 않은 이상 하루도 빠짐없이 목욕을 해야 한다. 그리고 무릇 가족이라면 한 욕조에 들어가 커뮤니케이션을 하고, 아이가 조금 더 크면 욕실 사용 순서를 정하거나 욕실 물을 받는 일을 맞는 등 역할 분담을 분명히 해야 한다. 한 욕조에 물을 받아 가족이 전부 사용하거나 큰 목욕 수건을 같이 사용하는 것도 가족이기에 가능한 일이다. <u>일본은 식탁뿐만 아니라 욕실에서도 가족간의 정과 소통을 나누는 것 같다. 한국이나 중국에서 아기는 철저하게 보호해야 할 대상이라면, 일본에서는 가족의 일원, 사회의 일원으로 키우는데 육아 방식의 초점을 맞춘다.</u>

 이렇게 철저하게 아이를 독립시키는 일본 육아에서 의외인 점은 기저귀 떼는 시기가 늦다는 점이다. 한국은 두 돌 정도 되면 기저귀를 떼는 것이 좋고 일찍 뗄수록 우수한 엄마 또는 아이로 평가받는다. 하지만 일본 보육원에서는 기저귀 떼는 시기를 점점 늦춰 최근에는 세 돌 정도에 떼면 괜찮다고 생각한다. 물론 화장실 연습은 만 1세 6개월 정도부터 시작하지만 아이에게 스트레스를 주지 않기 위해 천천히 익숙해질 때까지 적응시키는 방법을 쓴다.

　엄마가 집에서 키우는 아이는 더 빨리 떼는 경향이지만, 시설에 다니는 아이들은 또래에 맞춰 천천히 기저귀를 떼는 편이다. 아울러 아이들과 어울려 다 같이 화장실에 가고 스스로 팬티를 벗었다가 다시 입을 수 있도록 천천히 기다려주는 것이 특징이다. 아이가 자신의 일을 스스로 깨닫고 행동할 수 있게끔 하는 것이 일본 보육원 교육의 핵심이다.

일본 아이의 훈육은 만 0세부터 시작한다
09

아이가 만 한 살 반쯤 됐을 때 일이다. 콧물을 흘려서 하원하는 길에 이비인후과에 들렀는데, 대기실에는 우리 아이보다 조금 큰 아이 몇 명이 기다리고 있었다. 아이는 병원에 들어서자 처음에는 낯설어 하며 엄마 뒤로 쏙 숨었다.

이윽고 기다리는 시간이 길어지자 아이는 내 눈치를 보면서 여기저기 탐색을 하러 다니기 시작했다. 놀이방 코너도 기웃거리고, 접수 창구도 들여다보고, 기다리고 있는 사람들과 인사를 나누기도 하면서 끊임없이 움직였다. 가만히 무릎에 앉히고 책을 읽어주려 했지만 아직 집중력이 부족한 시기였다. 한시라도 가만있는 것을 못 참는 아이는 이내 내 품에서 벗어나 또 여기저기 돌아다니기 시작했다.

우리 아이가 번잡스럽게 구는 동안 그 모습을 힐끗힐끗 쳐다보는 남자 아이가 하나 있었다. 만 두 살쯤 되어 보이는, 사실 우리 아이와 크게 차이나 보이지 않는 아이였다. 그 애는 엄마 곁에 붙어 앉아 호빵맨 책을 보고 있었다. 엄마가 조용조용 목소리를 낮춰 읽어주는 책에 집중하다가도 문득 우리 아이가 자유롭게 돌아다니는 모습을 쳐다봤다. 그러고는 자기 엄마에게 작은 목소리로 물었다. "엄마 쟤는 왜 돌아다녀요? 병원에서는 조용히 해야 하잖아요." 작은 목소리였지만, 나에게도 똑똑히 들렸다.

순간 나는 머리를 망치로 한 대 얻어맞은 기분이었다. 고작 만 두 살 정도밖에 안 돼 보이는 아이의 입에서 공공질서와 매너에 대한 이야기가 나오다니. 아이 엄마는 도대체 언제부터 교육을 시켰기에 아이가 자연스럽게 그런 말을 할까? 같은 일본에서 아이를 키워도 이렇게 다르다는 것을 처음 깨달았다. 교양 있는 그 애 엄마는 아이의 말을 듣고 당황하며 내 쪽을 바라보고 미안하다는 듯 고개를 끄떡여 인사했다. 그러곤 자신의 아이에게 "쟤는 아직 어려서 그래"라며 자상하게 알려주었다.

갑자기 얼굴이 달아오르는 것을 느낀 나는 아이에게도 엄마에게도 완패한 기분이었다. 나는 우리 애가 아직 어리니까 좀 떠들거나 움직여도 누구나 다 이해해줄 거라고 생각했다. 그래서 아이가 돌아다녀도 어쩔 수 없는 일이라 생각하고 내버려두었다.

그리고 병원에서는 조용히 해야 하고 돌아다니면 안 된다는 걸 가르치는 것은 말귀가 통하는 한참 후에나 가능하다고 생각했다. 마음 깊숙한 곳에서는 지루하게 순서를 기다리는 대기자들이 우리 아이랑 인사를 하거나 말을 거는 등 귀여워하니 다들 괜찮은 거겠지라고 생각했던 것도 같다.

일본 육아 전문 사이트 '마미'에 따르면 아이의 훈육은 만 0세부터 시작해야 한다고 한다. 아이가 아직 못 알아듣더라도 스킨십과 커뮤니케이션을 통해 부모와의 신뢰 관계를 형성하는 것이 우선이고, 이것이 훈육의 기본이라 말한다.

그리고 아기를 대할 때는 그냥 기저귀를 갈거나 수유를 하지 말고, 계속 말을 많이 거는 것이 좋다고 가르친다. 예를 들면 "잘 잤어요? 오늘은 날씨가 좋네", "오늘은 기분이 좋아 보이네. 다행이구나" 등 아이가 알아듣지 못하더라도 부모의 목소리를 확실히 들려주는 게 커뮤니케이션 능력을 높이고 훈육에도 도움이 된다.

이런 가르침대로 일본 엄마들은 아기에게 말을 많이 건다. 우리 아이를 맡고 있는 보육원에서도 아기 때부터 이야기를 많이 하고 적극적인 피부 접촉을 통해 아기와 엄마의 신뢰 관계를 구축하라고 조언했다. 특히 아기와 함께 목욕할 것을 적극 권했다. 목욕이 애착 관계 형성에 큰 도움을 준다면서 말이다.

또 아이가 위험한 행동을 하거나 절대 해서는 안 될 행동을 할 때는 반드시 말과 함께 몸을 접촉하라고 조언했다. 예컨대 손을 꼭 잡거나 몸을 바로 잡고 아기 눈을 보며 진지한 표정으로 "이건 입에 넣으면 안 되는 거야"라고 낮은 목소리로 짧게 주의를 줘야 한다. 뭐든지 "안 돼"라고 하는 것은 오히려 역효과를 가져오기 때문에 정말 위험한 일이 아니면 쓰지 말라고 조언했다.

특히 아직 스스로 판단하고 행동할 수 없는 시기에 이유식을 먹을 때 흘린다고 주의를 주거나, 친구들과 사이 좋게 지내라고 훈육하는 것은 좋지 않으며 "이 장난감을 갖고 싶었구나. 저 친구가 다 놀면 달라고 하자" 등 아이의 마음을 공감해주면서 순서를 가르치는 게 좋다고 말한다. 또 훈육에 일관성을 가지라고 조언한다. 요컨대 아이가 우니까 안쓰러워서 혹은 오늘은 너무 바쁘니까 등의 이유로 기준을 무너뜨리면 안 된다는 것이다. 이는 엄마라면 가장 어려워하는 것 중 하나이기도 하다.

일본어가 다른 아이들에 비해 뒤떨어지는 우리 아이는 보육원에서 유명한 떼쟁이였다. 다 같이 배변 훈련을 시작하고 모든 아이가 화장실에 다녀올 때도 우리 아이는 가지 않겠다고 버티며 울어댔고, 좋아하는 물놀이가 끝나고 다들 교실로 들어갈 때도 바닥에 드러누워 목청껏 울었다. 하지만 선생님들은 아이를 꾸짖거나 재촉하지 않았다. 아직 말로 자기감정을 표현할 수 없는 아이에게는 공감해주면서 설득하는 것이 가장 좋은 방법이기 때문이다.

보육원 선생님들은 굉장히 참을성이 많다. 아이 한 명 한 명의 성장 속도가 다르다는 것을 알고 있기 때문에 일반적 기준이 아니라 아이에 맞춰 기다려준다. 밥을 먹을 때도 스스로 그릇을 비울 때까지 기다리고, 스스로 신발을 꺼내 신고 찍찍이를 채울 때까지 재촉하지 않고 지켜본다. 보육사니까 가능한 일이기도 하지만 여러 명을 통솔하다 보면 재촉할 만도 한데 늘 아이들에게 기회를 주는 것이다.

내가 "우리 아이는 말도 늦고, 예절 교육을 아무리 가르쳐도 흘려버리고 금방 떼를 쓰곤 해요"라고 하소연할 때마다 선생님은 늘 "작년과 비교하면 많이 컸죠? 내년에는 더 많이 크고, 알아들을 겁니다. 반복해서 이야기해주는 게 중요해요"라고 말한다.

그렇게 문제아였던 우리 아이도 만 3세에 가까워지자 스스로 해도 되는 것과 해서는 안 되는 것을 구별했다. 선생님들의 반복 교육 덕분인지, "쉿!

소리를 지르지 않아요", "빨간불은 안 돼. 파란불은 좋아", "길에서는 뛰지 않아요"라고 스스로 말하기 시작했다. 그리고 놀랍게도 병원에 들어갔을 땐 목소리를 낮춰 "쉿! 엄마 조용히 말해요"라고 했다. 1년 6개월 전에 떠들고 돌아다녀서 다른 아이에게 지적을 받았던 바로 그 병원이었다.

"내 아이는 나한테만 예쁘다"라는 말이 있다. 밖에서 떠들고 돌아다니며 멋대로 행동할 때 '아직 어리니까 괜찮겠지', '다들 그냥 귀엽게 받아주겠지'라는 생각은 부모의 착각이다. 아이가 무슨 행동을 해도 용서할 수 있고 감싸줄 수 있는 것은 부모뿐이다. 다른 누군가에게는 소음이고, 방해일 수 있다. 나는 이런 깨달음을 겨우 2세 남짓한 일본 남자아이에게서 배웠다. 그리고 우리 아이는 선생님들과 일본 사회를 통해 공중도덕을 하나씩 배워나가고 있다. 이제 곧 아이에게 내가 한 수 배울 날도 머지않은 것 같다.

일본 엄마의 핵심 교육법은 보이지 않는 손이 되는 것
10

　내가 근무하고 있는 학원에는 40~50대 아주머니들이 많이 다닌다. 영어나 중국어처럼 수요가 많지 않은 한국어라는 특성상 취미로 배우는 사람이 많고, 어느 정도 시간과 경제적 여유가 있는 사람들이 다니기 때문이다. 나는 그들과 자주 일상생활에 대해 이야기를 나누는 편인데 하루의 시작을 아침 5시부터 하는 아침형 인간이 많다. 그런데 그들이 새벽부터 일어나 하는 일은 아이의 도시락 만들기와 아침 식사 준비다.

　일본의 사립 유치원, 사립학교는 대개 도시락을 지참해야 하는데, 아이들이 중고등학생이 되면 통학 시간도 길어지고 등교 시간도 빨라지기 때문에 새벽부터 준비하지 않으면 제시간에 맞출 수 없다고 한다.

　대부분의 일본 공립학교에서는 자동차로 통학하는 것을 금지하고 있어 부모가 아이를 차로 데려다주는 모습은 흔치 않다. 혹시 데려다주더라도 학교 주변이 아닌 멀리 떨어진 곳에서 내려 걸어가야 하는 분위기다. 학교

근처에 사는 사람들의 통행을 방해하거나 폐를 끼치면 안 된다는 인식이 강하기 때문이다. 게다가 일본 사람들은 통학이든 출근이든 전철로 편도 1시간 정도는 당연하다고 생각한다. 중고등학생이 되면 주말도 없고 방학도 없이 클럽 활동에 열중하는 아이들이 많아 엄마들은 매일같이 새벽에 일어나 도시락 싸기를 반복한다.

2005년 일본 문부과학성이 실시한 '의무 교육에 관한 의식 조사'에 따르면 초등학생 학부모의 82.2퍼센트, 중학생 학부모의 76.5퍼센트가 '아이의 아침밥을 매일 챙기는 것에 굉장히 신경 쓰고 있다'고 답했다. 그만큼 일본 엄마들에게 아이의 아침밥과 도시락 챙기기는 의무처럼 중요한 일이다.

또한 유치원부터 초등학생 때까지 아이 물건에 일일이 이름표를 붙이고 가방과 신발주머니 등을 한 땀 한 땀 직접 만드는 것도 일본 엄마들의 보이지 않는 노력이다. 기성품을 사는 것보다 어머니가 아이를 생각하며 직접 만드는 것을 권장하는 분위기 때문에 일본 엄마들은 천을 떼다가 미싱을 돌려 아이 가방을 만든다. 바느질 잘하고 센스 있는 엄마는 동네 엄마들의 우상이 되고 그렇지 못한 엄마는 왕따를 당하는 경우도 있다고 한다.

기념일을 좋아하고 잘 챙기는 일본에서는 밸런타인데이가 되면, 어머니와 아이들이 함께 초콜릿을 만들어 선물하고, 크리스마스에는 케이크를 굽는다. 그래서 그런지 베이킹이 취미인 엄마들도 많아서 내가 일하는 직장에도 매달 손수 만든 쿠키, 케이크, 빵 등이 들어온다. 무슨 날이 아니어도 "집에서 구웠는데 맛 좀 보세요"라며 선물을 하는데, 포장 문화가 발달한 일본답게 정성이 대단하다.

어머니들이 취미로 배우는 교실뿐 아니라 아이들이 다니는 학원이나 과외 선생님에게도 항상 신세를 지고 있다며 자주 먹을 것을 선물한다. 일본에서는 공부를 가르치는 대형 학원이나 학교 선생님은 일체 선물을 받지 않는 것이 일반적이지만 피아노나 발레, 미술 등 예술 분야에서는 특히 스승에게 선물을 꼬박꼬박 챙기는 부모가 많다. 시기별로 신세를 지고 있는 사람들에게 깍듯한 인사와 함께 선물을 챙기는 것도 보통 일본 엄마들이 갖춰야 할 매너이자 예의이다.

보이는 부분과 안 보이는 부분까지 아이들과 가족을 위해 신경 쓰는 일본 엄마들이지만, 지나친 간섭이나 구속은 멀리한다. 내가 만난 많은 일본 엄마들이 자녀 교육에 대해 입버릇처럼 하는 말은 "본인이 선택한 것이니 어쩔 수 없다"이다.

고등학교만 졸업하고 취직하겠다는 아이, 고등학생 때 갑자기 아르바이트를 하겠다는 아이, 일류대를 나온 부모님과 달리 공부에 취미가 없는 아이, 대학 입시가 코앞인데도 클럽 활동에 열중하는 아이 등 각 가정마다 사연이 있지만, 모두가 자녀의 생각을 존중하고 응원한다.

교양 있고 좋은 직업을 가진 중산층 가정의 부모라도 자녀가 자기 이상의 부와 능력을 가지길 바라지는 않는다. 자녀가 신중하게 선택했다면 그것을 인정해주는 것도 부모의 중요한 역할이라고 생각하기 때문이다.

이런 이야기를 들으면 나는 과연 부모로서 아이가 원하는 것을 그대로 들어줄 수 있을까 고민스럽다. 나는 부족한 사람이기에 아이가 나보다 더 나은 사람이 되길 바라고, 더 풍족한 생활을 누리길 바란다. 내가 신경 쓰고 있는 것을 아이가 알아주길 바라고, 내 말을 더 잘 들어주길 바란다. 보이지 않는 부분에서 가득 사랑을 보내고, 간섭은 최소한으로 하고, 아이의 선택을 존중해주는 그런 엄마가 나는 과연 될 수 있을까. 일본 엄마들과 이야기를 나눌 때마다 나는 고민에 빠진다.

공부하고 싶은 사람만
대학 보내는 일본 엄마
11

지인 아이가 명문 초등학교에 입학했다는 소식은 나에게 꽤 큰 충격이었다. 내 주변에 사는 한국 사람들은 대개 아이를 면접 없이 들어갈 수 있는 공립학교에 보냈기 때문이다. 명문 초등학교에 보낸다는 것은 보다 적극적으로 일본 상류 사회에 진입하는 것을 뜻한다. 상류 사회는 지켜야 할 매너나 에티켓이 상상할 수 없을 정도로 섬세하고, 가족 전체가 아이를 지원해줄 수 있을 정도로 경제력과 시간적 여유가 있어야 한다. 그래서 보통 일본에 장기 체류하는 한국 가정은 좀 더 자연스러운 분위기의 학교를 택한다.

특히 부모 한쪽이 일본인인 경우에는 공립학교를 선택해 일본 아이들과 똑같이 경쟁하도록 하는 경우가 많은 것 같다. 도쿄의 공립 초등학교는 급식비와 학부모 회비 등 월 지출이 3~5만 원 정도이기 때문에 부담이 없다. 그리고 규모는 작지만 지역마다 여러 초등학교가 있어 대부분 걸어서 등

교한다. 보통 저학년부터 고학년까지 동네 학생들끼리 그룹을 만들어 집단 등교를 시키는데, 등교 담당 학생이 있어 늦게 오는 아이들을 한 명 한 명 챙겨준다. 특수한 경우가 아니면 부모들은 아이를 데려다주지 않지만, 학부모회를 조직해 아침 교통 정리를 하거나 방범을 돌면서 아이들의 등굣길을 보호한다.

하지만 학교 주변에서 사건 사고가 생긴 경우는 대부분 부모가 함께 등하교를 하고, 자연재해가 많아서 그날 그날 일기 예보에 따라 수업 유무가 결정되기도 한다. 태풍이나 폭우주의보가 내린 경우에는 당일 아침 연락이 와서 갑자기 휴교하는 경우도 많고, 독감이나 각종 전염병 환자가 생기면 바로 그 반을 쉬게 한다.

일본은 병을 남에게 옮겨서는 안 된다는 의식이 강해 수업 시간에도 마스크를 하고 있는 아이들이 많고, 아이가 열만 나도 학교를 보내지 않는다. 그래서인지 아이를 공립 초등학교에 보내는 엄마들 이야기를 들으면 날씨 때문에 쉬고, 아파서 쉬고, 운동회 다음 날이라 쉬는 등 학교를 자주 빠지는 느낌이 든다. 아파도 죽지 않을 정도면 반드시 학교에 가야 한다고 배운 나로선 이런 등교 문화가 참 느슨하게 느껴진다. 그래서 아이들이 너무 쉽게 학교를 쉬지 않느냐고 물었더니 많은 일본 엄마들이 전체 아이들의 안전을 위해 그러는 것은 당연한 일이라고 말했다. 등굣길에는 날씨가 좋아도 하굣길이 급변할 것 같은 날씨면 아이를 학교에 보내지 않을 때도 있다. 그만큼 아이의 안전을 무엇보다 중시한다는 이야기다.

모두가 갑자기 쉬게 된 경우에는 숙제를 내주거나 다른 날 보충 학습을 시키는데, 아파서 혼자 빠진 경우는 알아서 진도를 따라가야 한다. 부모로서는 걱정스러운 일이지만 그래도 건강과 안전이 먼저라는 생각에는 변함이 없는 듯하다.

일본 초등학교의 숙제는 한자를 몇 번씩이나 쓰게 하고, 산수 프린트, 책 읽기, 주말에 일기 쓰기 등 반복 학습을 많이 시킨다. 보통 숙제 시간은 학년 곱하기 10분이라고 해서 초등학교 1학년 때는 10분, 2학년 때는 20분 정도의 분량이다. 저학년이라면 하교 후 조금 집중력을 발휘해 간단히 해치울 수 있지만, 고학년이 되면 지루한 반복 연습에 양도 많아 힘들어하는 아이도 많다. 한자를 몇 페이지씩 반복해서 쓰는 것은 분명 피곤한 일이지만, 아직까지도 손 글씨를 중요하게 생각하는 일본에서는 이런 기초 교육을 매우 중요시 한다. 한 예로 아르바이트를 하거나 입사 시험을 볼 때도 손 글씨 이력서를 요구하는 회사가 많은데, 글씨를 통해 그 사람의 성의를 보겠다는 의미다.

그러나 초등학교 고학년이 되면 학원에 다니는 아이들이 많아 저녁 늦게서야 피곤함과 싸우며 숙제를 한다. 보통 일본 공립 초등학교의 진학 명암은 고학년이 되면서부터 갈린다. 아이들 스스로 대학 입시를 준비할 것인지 자유롭게 자기가 하고 싶은 일을 찾을 것인지 생각한다. 부모의 입김도 영향을 주지만 수험 여부를 결정하는 것은 대개 아이의 몫이다.

일본 전체는 아니지만 수도권과 오사카 및 대도시에서는 초등학교 고학년이 되면 진학 목적의 중학교로 갈지, 공부 부담 없이 다닐 수 있는 평범한 공립 중학교로 갈지 결정해야 한다. 공립 희망과 사립 희망으로 나뉘어 파가 형성되고, 대학 입학을 목표로 하는 사립 중학교에 가고 싶은 아이들은 주말마다 입시 전문 학원에 다니기 시작한다. 시험 문제는 중학교 과정까지 포함되어 초등학교 교육만으로는 따라갈 수 없다. 따라서 반드시 학원에 다녀야 한다고 믿는다. 그래서 초등학교 5~6학년이 되면 밤늦게까지 공부하는 아이들이 많고, 부모들은 집에 '수험생이 있다'라고 말한다.

경제적으로 능력 있는 내 주변의 부모들을 보면 대부분 사립 중고등학교를 선호한다. 대학 입시 때문이기도 하지만 심각한 사회 문제로 대두되고 있는 왕따, 자살 문제 등이 교칙이 느슨한 공립에서 더 많이 불거지고 있기 때문이기도 하다. 누구나 들어갈 수 있는 공립은 지역에 따라 문제아도 많은 편이다.

학창 시절의 꽃이라 일컫는 클럽 활동도 공립은 안정적인 재정 지원이 어렵고, 선생님이 자주 바뀌기 때문에 사립학교에 밀리는 경우가 많다. 내가 아는 한국인들의 자녀도 공립 초등학교를 졸업한 후에는 대부분 사립 중학교와 사립 고등학교로 진학했다. 그 이유에 대해 그들은 "공립에 가면 아이를 버릴 수도 있으니까"라고 말한다. 이런 기대만큼 사립은 교칙도 엄격하고 아이들이 비행에 빠지지 않도록 주의를 기울인다. 사립 고등학교에 다니는 지인의 아이는 아침잠이 많아 세 번 지각을 했는데, 곧바로 부모님이 학교로 불려갔다. 한 번에만 끝나는 것이 아니라 다음에도 지각 누적이 세 번이 되면 또 불려가야 한다. 그만큼 학생에게 신경을 쓰고 철저히 관리한다는 증거이기도 하다.

2012년 도쿄도교육위원회가 발표한 공립 초등학교 졸업자의 진로 상황 조사에 따르면, 공립중학교 진학이 81.5퍼센트로 대다수를 차지했다. 사립 중학교 진학은 16.3퍼센트였는데, 지역에 따라 차이가 커서 부자 동네인 지요다구(千代田区)에서는 39.0퍼센트, 국립 중학교 및 일류 공립 중학교 입시 시험을 치른 학생은 55.5퍼센트로 절반 이상을 차지한 것으로 나타났다. 사립학교 진학률이 높은 지역은 1, 2, 3위 모두 도쿄에서 손꼽히는 부자 동네여서 역시 경제적 여유가 있는 가정이 사립을 선호하는 것으로 나타났다. 하지만 공립 중학교에 진학하는 대다수 아이들은 중학교 수험은 다른 나라 이야기인 양 여유롭게 자신들이 하고 싶은 일을 찾는다.

내가 아는 일본 엄마들도 두 파로 갈라져 있는데, 사립파는 주말마다 아이를 유명 학원에 데려갔다가 데려오는데 시간을 쓰고, 아이의 공부를 밤늦도록 봐준다. 공립파는 아이가 좋아하는 체조 학원에 보내고, 같이 운동을 다니거나 여행을 다니는 등 여유롭게 지낸다. 공립파 엄마는 아이가 공부에 관심이 있으면 몰라도 부모 욕심으로 사립에 넣는 것은 모두에게 피곤한 일이라고 말한다. 공립 중학교에 진학한 후에도 공부에 뜻이 있으면 다시 사립 고등학교 입시를 치르면 되니 어릴 때부터 너무 공부 공부할 필요는 없다고 했다. 아이가 원하면 그때 시키겠다는 그 엄마의 말에서 확고한 교육 철학이 느껴졌다.

이렇게 초등학교 고학년부터 인생의 갈림길에 서는 아이들은 조금 더 빨리 자기 미래에 대한 그림을 그리는 것 같다. 지인의 아이도 어느 날 갑자기 고등학교를 졸업한 후 취직하겠다고 선언했는데, 그 후 전문직에 종사하기 위해 일반고가 아닌 교통 관련 전문고에 진학했다. 지인 부부는 대기업에 종사하는 엘리트 부부였지만 아들의 의사를 존중했고, 취직한 후에 공부할 마음이 생기면 다시 시작해도 늦지 않다고 격려했다.

일본 역시 사회에 나오면 학력별로 임금 차이가 발생한다. 그래서 뒤늦게 학력의 중요성을 깨닫고 다시 입시에 도전하는 젊은이도 많다. 하지만

2013년 유네스코에서 발표한 대학 진학률을 살펴보면 한국이 98.37퍼센트로 세계 2위인데 비해, 일본은 61.45퍼센트로 41위였다. 대학 진학률이 낮은 이유에 대해 일본 언론은 비싼 등록금과 낮은 취업률을 꼽는다.

집이 부유하지 않은 이상 보통 학자금 대출을 받아 대학에 들어가는데, 사회 초년생이 큰 빚을 떠안고 취직도 마땅치 않은 것보다 고등학교를 졸업하고 꾸준히 한길을 파는 게 더 낫다고 생각한다.

일본에는 공부에 뜻이 있고 기업에 취업하고 싶은 사람이 아닌 이상 대학에서 허송세월을 보내고 싶지 않다고 생각하는 젊은이가 많다. 부모도 자녀들의 선택을 존중해주는 분위기이다. 기술을 인정해주고 기술만 있다면 성공할 수 있다고 믿기에 누구나 대학에 목숨을 걸지 않는다.

노동력의 효율성을 먼저 따지는 일본 엄마의 지혜
12

언젠가 한 일본인에게 질문을 받은 적이 있다.

"일본에는 집 안에 쓰레기를 쌓아두고 집 밖까지 넘쳐흘러서 주변 주민들에게 피해를 주는 '쓰레기집'이 사회 문제로 대두되고 있어요. 근데 제가 듣기에 한국에는 '쓰레기집'이 없다면서요. 왜 이런 문화 차이가 생기는 건가요?"

그리고 한국 드라마를 보면 아줌마들은 언제나 방을 걸레로 닦고, 자기가 아는 한국 사람들 집도 언제나 깨끗하고 물건이 잘 정리되어 있어 놀랍다며 실제로 한국 사람들은 청소를 좋아하냐고도 물었다.

실제로 일본인의 집에 갑자기 놀러가면 의외로 지저분한 경우가 많다. 책을 비롯해 여러 가지 물건이 여기저기 널려 있고, 먼지가 뽀얗게 쌓인 곳도 있다. 아이를 키우는 집도 마찬가지다. 아이들이 많으면 많을수록 더 어지러운 느낌이다. 물론 세계 어느 나라에서나 아이를 키우는 집은 엄마가 아무리 부지런을 떨어도 금방 엉망이 되기 일쑤다. 하지만 아이 물건을 대충 정리하면 어느 정도 마음이 놓이는 한국 집과 달리 일본 집은 뭔가 전체적으로 답답한 느낌이 든다.

청소라는 게 원래 개인차가 심하고 주관적인 기준이지만, 실제로 내가 아는 많은 일본인들에게 집 청소는 청소기를 돌리고 물건을 제자리에 놓는 것이 전부다. 1년에 한두 번 명절이나 연휴에 대청소를 하지만, 평소에는 한국처럼 바닥과 창틀을 구석구석 닦지는 않는다. 아이가 태어나면 어디 세균 하나 있을세라 쓸고 닦고 소독하는 한국과는 차이가 있다.

청소뿐만 아니다. 육아 관련 제품에서도 차이를 느낄 수 있다. 옛날부터 아기 옷과 용품은 팍팍 삶아서 써야 한다고 굳게 믿고 요즘 들어서는 아기 전용 세탁기마저 고려하는 한국 엄마와 달리, 일본 엄마들은 '아기 옷을 삶는다'는 말에 깜짝 놀란다. 물론 일본 엄마들도 아기 옷과 가제 손수건 등은 아기 전용 세제를 써서 매일 세탁하는 등 청결에 힘쓰지만, 삶거나 전용 세탁기를 이용하는 한국 엄마들 이야기를 들으면 입이 떡 벌어지며 '정말 대단하네요'라고 말한다.

또한 한국에서는 부엌에 커다란 젖병소독기가 있고 아기 물건들을 그 안에서 늘 무균 상태로 보관하지만 일본에서는 소독도 간편한 방법을 사용한다. 소독액에 젖병을 잠깐 담그거나 전자레인지의 고열로 소독하는 컴팩트한 젖병소독기를 사용한다.

잠깐이지만 나는 한국에서 육아를 경험하고 일본에 돌아왔는데, 처음에는 일본 육아 용품이 한국에 비해 뒤처져 있다는 생각이 들었다. 한국에서는 방바닥도 언제나 스팀으로 살균 소독하고, 아기가 뱉어낸 우유로 적셔

진 이불도 아기 전용 세탁기로 매일 말끔하게 삶는다. 게다가 치발기 등 아이 용품을 세균으로부터 완벽하게 보호해줄 젖병 소독기 등의 아이템이 즐비하다. 이에 비해 일본 육아 제품은 건성으로 살균하는 것만 같았다.

하지만 일본에서의 육아도 점점 익숙해지고 보육원의 육아 시스템을 봐오면서 '살균! 소독! 청결! 보온!' 같은 말에 너무 휩쓸리지 않아도 되겠다는 생각이 들었다.

일본에서 육아하는 다른 한국 엄마를 만났을 때 그녀도 이런 이야기를 했다. 한 번은 어느 외국인 집에 놀러 갔는데 아기 엄마가 소파 아래 굴러다니는 젖꼭지를 물로 몇 번 헹궈 아이에게 먹이는 걸 보고 기겁할 뻔했다고 한다. 그렇지만 돌이 막 지난 그 아이는 감기 한 번 안 걸리고, 두 돌이 가까운 지금까지도 건강하다고 말했다. 이 얘기를 듣고 우리는 입을 모아 "한국 엄마들이 너무 깨끗해야 한다는 강박관념에 사로잡혀 있는지도 모르겠어요"라고 말했다.

물론 갓 태어난 아기는 면역력이 약해 특별히 신경 써서 지켜줘야 할 존재다. 하지만 엄마가 노이로제에 걸릴 정도로 살균, 소독을 한다고 해서 건강한 아이로 자라는 것은 아니라는 것을 깨달았다고나 할까.

집 청소도 마찬가지다. 앞서 일본 집이 한국 집보다 어지럽고 덜 깨끗한 느낌이라고 했는데, 그렇다고 모든 집이 다 더럽다는 뜻은 아니다.

내가 볼 때 일본 사람들은 매일 쓸고 닦고 먼지를 없애고 세균을 없애는 데 시간과 노동력을 쓰기보다 적당히 치우고 남은 시간 동안 아이와 놀거나 엄마의 자유 시간을 갖는 등 효율성을 따지는 것 같다.

무엇보다 가장 큰 이유는 한국은 기본적으로 집을 넓게 만드는 데 비해 일본은 좁은 데다 가구를 많이 쓰지 않아 수납 공간이 부족하기 때문인 듯하다.

또한 한국은 가족, 친구, 이웃의 방문이 잦고 자기 집을 소유하는 사람이 많아 남에게 어느 정도 보여도 괜찮을 정도로 집 안을 유지해야지만, 일본의 경우는 월세로 빌려 살거나 사람을 거의 초대하지 않고 집을 가족들만의 공간으로 인식하기 때문이기도 하다.

일본 엄마의 지혜가 담긴
요리 보존법
13

"제가 어렸을 때 제일 좋아한 엄마의 요리는 닭튀김이었어요. 닭튀김이 나오는 저녁은 저뿐만 아니라 언니들도 즐거워했죠. 엄마가 닭튀김을 해주시면 우리는 각자의 접시에 세 개씩 담았어요. 그리고 아껴가며 두 조각을 먹고 한 조각은 남겼죠. 좋아하는 음식인데 왜 한 조각을 남겼냐고요? 그건 내일 아침에 먹는 즐거움 때문이죠. 다음 날 아침에 먹는 닭튀김 한 조각도 무척 맛있거든요."

이런 이야기를 들려준 그녀의 집은 평범한 중산층 가정이다. 아버지가 오랫동안 한 회사에서 근무했고, 어머니는 조금씩 아르바이트를 하며 가사일을 했다. 자녀들은 모두 대학을 나와 유학을 하기도 했고, 각자 알맞은 직장을 찾았다. 부유하다고는 할 수 없어도 절대 빈곤하게 자라지 않았던 그녀의 이런 추억 이야기에 나는 깜짝 놀랐다.

나는 어렸을 때부터 가족 수대로 딱 정해진 양만 먹어야 하거나 음식이 모자란 경험을 한 번도 해본 적이 없기 때문이다. 좋아하는 메뉴가 나온 날에는 배가 터지도록 먹는 게 당연하고, 싫어하는 메뉴가 나오면 반찬 투정을 하다가 깨작거리기 일쑤였다.

나 역시 지금 딸을 하나 키우고 있지만 역시 아이가 좋아하는 반찬 위주로 만들고, 조금이라도 더 먹이기 위해 노력한다. 맛있다며 더 달라고 할 때는 떨 듯이 기뻐하며 소화만 시킬 수 있다면 얼마든지 먹으라고 격려한다. 어렸을 때 우리 엄마가 나에게 했던 것처럼 나도 식탁에서 벗어나 도망치는 아이를 쫓아다니며 밥 한 숟갈을 더 먹이려 한다. 그렇게 살아온 나에게 일본인 친구의 이야기는 충격 그 자체였다.

대부분의 일본 엄마들은 경제적 여유가 있건 없건 식사 준비를 할 때 규칙과 제한이 있다. 한 끼당 예산을 대충 세우고 그 안에서 아이디어를 짜내 메뉴를 만든다. 커틀릿, 소테, 뮈니엘, 카레, 스튜 등 평소 외국에서 들어온 조리법을 많이 쓰는 것도 특징이다. 이처럼 여러 조리법을 활용해 채소류와 고기류 혹은 생선류, 탄수화물류를 적당히 조화시킨 반찬을 만들고 각자 먹을 만큼만 덜어서 준다.

일본에서는 보통 개인 밥그릇, 국그릇, 반찬 그릇을 따로 사용하는데 나이와 체격에 따라 같은 반찬이라도 양을 달리하고 자기 그릇에 있는 음식은 밥 한 톨이라도 남기지 않고 다 먹는 것이 예의다.

아무리 아이가 좋아하는 반찬이라도 산처럼 쌓아놓고 먹게 하지 않는 것도 특징이다. 일본 아이들이 좋아하는 반찬은 카레, 햄버거스테이크, 새우 튀김 등인데 이런 메뉴가 등장하는 날에 아이가 무척 즐거워하고 많이 먹고 싶어 하지만, 각자의 접시에 먹을 만큼만 갯수를 정해 덜어준다. 그리고 좋아하는 음식을 먹으려면 반드시 샐러드를 한 접시 먹어야 한다든가, 데친 채소를 먹어야 한다든가 하는 식으로 협상을 한다. 좋아하는 음식도 어느 정도 적당히 먹으면 내일을 기약하며 그만 먹게 한다.

일본 가정 요리의 특징 중 하나는 며칠 동안 같은 음식을 먹는다는 것인데, 예를 들어 카레를 만들면 3일은 같은 카레를 먹는 집이 꽤 많다. 첫날 저녁, 갓 끓인 카레를 밥에 부어 맛있게 먹는 아이들. 더 먹고 싶어도 참고 내일 더 맛있어질 카레를 기대하며 숟가락을 놓는다. 첫날에 비해 국물이 졸아 맛이 깊어진 카레는 둘째 날 아침에 먹거나 저녁에 카레우동에 사용한다. 그리고 셋째 날까지 남아 있는 약간의 카레는 돈까스를 튀겨서 돈까스카레로 재탄생된다.

3일 내내 카레라니…. 처음 이런 이야기를 들었을 때는 '일본 엄마들은 별로 요리에 성의를 보이지 않네' 혹은 '카레를 엄청 좋아하는 집인가 보다' 정도로만 생각했는데, 그 후로도 수많은 사람들에게 3일 카레 이야기를 반복해서 듣다 보니 어느새 나도 모르게 일본 가정의 '3일 된 카레'를 맛보고 싶었다. 똑같은 음식을 계속 먹는 것에 거부감이 없는 일본 사람의 입맛 문제인지, 아니면 정말 시간이 지나면 지날수록 카레가 더 맛있어지는 것인지 궁금해서 견딜 수가 없었다.

그래서 일본 친구에게 부탁해 꼭 3일된 카레를 가져와 달라고 해서 먹어 봤다. 분명 오래된 카레는 색깔이 짙었다. 하지만 감자가 다 녹아서 없어진 평범한 카레에 나는 어떤 감동도 차이도 느끼지 못했다. 그저 일본 가정의 카레 맛이었다. 하지만 친구는 다르다고 했다. 오히려 3일째 카레 맛을 보기 위해 첫째 날은 덜 맛있는 카레를 먹는 거라고 말했다. 그런 그녀를 보며 나는 그건 어릴 때부터 먹어온 엄마의 맛일 거라고 생각했다. 실제로 일본 사람들이 성인이 되어 기억하고 그리워하는 엄마 요리 대부분이 카레이기도 하다.

이렇게 일본 엄마들은 재료비를 아끼고 분량을 정확히 따지며 남은 음식을 버리지 않고, 며칠이나 같은 음식을 먹도록 아이들에게 가르친다. 어떻게 보면 구두쇠에 엄격하고 성의 없는 엄마지만, 어떤 면에서는 효율적이고 친환경적인 식탁 교육이다.

효율적인 시간 관리로
육아 스트레스를 날리는 일본 엄마
14

    2010년 일본 베넷세 교육종합연구소에서 발표한 유아 생활에 대한 앙케이트 〈동아시아 5대 도시조사〉에 따르면 만 6세 이하 미취학 아동을 키우고 있는 한국 엄마들은 '아이를 위해 희생하고 있다'는 항목에서 다른 나라에 비해 단연 높은 80퍼센트 이상이 '그렇다'라고 대답했다. 일본 도쿄 엄마가 36.7퍼센트, 중국 베이징 엄마가 43.2퍼센트 '그렇다'라고 응답한 것에 비하면 한국 엄마들이 육아를 얼마나 스트레스로 느끼고 있는지 알 수 있다.

    앞서 일본 가정의 청소나 요리 이야기에서도 나왔지만 집안일에서도 한국 엄마와 일본 엄마의 시각은 다르다. 꼭 해야 할 일만 우선적으로 하는 일본 엄마에 비해 한국 엄마들은 아이가 잠든 후에도 청소와 빨래와 설거지 등을 하느라 좀처럼 일찍 잠들지 못하는 것 같다. 수면이 모자란 상태에서 아이가 일어나기 전에 아침을 준비하는 등 분주하게 일하는 한국 엄마는 당연히 '희생'하고 있다고 느낄 수밖에 없다.

그런데 내 주변의 일본 엄마들을 보면 분명 육아가 힘들고 생활이 180도 바뀌었다고 말하지만 감정이 격해져 크게 화를 내는 일은 드물다.

무엇보다 '희생'이라는 말을 쓰지도 않는다. 아이와 함께 있을 때는 꼭 해줘야 할 일, 식사, 목욕, 책 읽기 등을 도와주고 아이가 잠들고 나면 엄마 아빠 각자의 시간을 갖기 때문이다. 물론 식사, 목욕 등에서도 효율적으로 시간을 활용한다.

일본 요리책에 자주 등장하는 말은 '시간 단축'인데, 맛있는 요리를 최대한 빠른 시간에 만들어낼 수 있는 방법에 대해 설명한다. 얼릴 수 있는 재료는 썰어서 얼려 냉동 보관하고, 통조림이나 시판 소스도 적극 활용한다. 예를 들면 아이가 있는 일본 가정에서 자주 만드는 '포일 구이'는 쿠킹 포일 안에 생선, 각종 채소, 버섯, 버터 등을 넣고 소금과 후추를 뿌린 다음 토스터 오븐에 굽는 요리다. 가족 수만큼 포일 구이를 만들어 한꺼번에 구워내면 단 10분 만에 근사한 생선, 채소 주요리를 완성할 수 있다. 게다가 후라이팬, 기름, 접시, 설거지가 필요 없는 시간 절약 조리법이다. 이런 식으로 일본 엄마들은 빠르고 간편하게 요리를 만들어낸다.

시간을 절약해 남는 시간에는 자기가 좋아하는 일을 하는 것을 일본인들은 당연하게 생각한다. 아이가 빨리 잠들어도 좀처럼 집안일에서 벗어나지 못하는 한국 엄마들에 비해 일본 엄마들의 기분 전환은 확실한 편이다. 엄마 모드에서 자기 모드로 돌아오면 취미 활동을 시작한다. 어릴 때부터 취미 하나쯤 갖고 있는 일본인들에게 이 시간은 당연히 필요한 시간이고, 이로 인해 바쁘게 달려온 하루의 피로를 잊기도 한다.

내가 아는 엘리트 일본 엄마는 출산 후, 회사에서 3년간 육아 휴가를 받아 어느 기관에도 맡기지 않고 혼자 힘으로 아이를 키웠다. 좋은 회사에 다니는 똑똑한 사람이라 3년간의 사회 격리에 불안감이 없을까 생각했지만, 그녀는 보란 듯이 모유 수유를 하고 일주일에 두 번씩 꼬박꼬박 아이와 수영 교실에 다녀 3년이 지났을 때는 아이와 자유롭게 수영을 할 수 있게 되었다. 그리고 휴가 기간 동안 회사 업무에 도움이 되는 외국어 자격증을 따는 등 자기 계발에 힘써 당당히 복귀에 성공했다.

특히 아이를 출산하기 전부터 배우던 외국어 공부는 하루도 거르지 않았다. 그 비결을 물었더니 "저녁에 남편이 퇴근한 후에는 아이는 아빠 몫이 돼요. 저는 그때부터 자유 시간을 갖고, 매일 15분씩 외국어 공부를 했어요. 더 하고 싶은 날도 하기 싫은 날도 있었지만, 딱 15분이라는 시간을 정해 부담 없이 계속할 수 있었어요"라고 말했다. 나는 그녀에게 한 번도 '육아는 너무 힘들어요'라는 말을 들어본 적이 없다. 아이를 키우느라 "힘들어 죽겠다"는 내 푸념에 "아이들은 원래 그런 거 잖아요"라며 현실 세계를 초월한 듯한 위로를 해줄 뿐이었다.

그녀는 자상한 남편, 말 잘 듣는 아이라는 행복한 조건에 둘러싸여 있었음에 분명하다. 하지만 아무리 환경이 좋아도 자기 의지가 강하지 않으면 육아를 하면서 몇 년씩 꾸준히 공부하기는 어렵다. 나는 그녀의 이야기를 듣고 일본의 저력에 대해 다시 한 번 생각했다. 당장은 눈에 안 띌지 모르지만 자기 자리에서 꾸준히 자기 계발을 해나가는 일본인, 이 사람들이 모여 지금의 경제 대국 일본을 이뤄냈는지도 모른다고 말이다.

그녀 외에도 내가 아는 많은 일본 엄마들은 취미를 가지고 여가 시간을 즐긴다. 운동을 하거나 서예나 베이킹을 배우고 자격증 공부를 한다. 아이가 한 명이건 두 명이건 심지어 세 명인 엄마도 최대한 시간을 절약해서 집안일을 한 뒤 자기를 위한 시간을 즐긴다. 이런 시간이 있기에 즐겁게 하루를 시작하고 아이들 뒤치다꺼리를 고통이나 희생으로 여기지 않는 것인지도 모른다.

목표를 향해 열심히 살아가는 부모의 모습 자체가

아이에게 훌륭한 영향을 주는 것이다.

-이부카 마사루(井深大, 소니 창업자)

The Power of japanese Mother

3부
일본식 교육 문화가 경쟁력 있는 아이를 만든다

......

일본 엄마는 아이가 아주 어릴 때부터 입버릇처럼 "다른 사람에게 피해가 되니 조용히 하라"고 가르친다. 같이 장을 보러 갈 때도 밖에 놀러 갈 때도 귀에 딱지가 앉도록 듣는 말 역시 "남에게 폐를 끼치면 안 된다"는 것이다. 즉 메이와쿠(迷惑)정신이 일본 사회뿐만 아니라 일반 가정에서도 뿌리 깊게 자리 잡고 있다.

일본은 온 나라가
아동 학대 감시자
15

나는 한국에서 아이를 낳고 8주 만에 일본으로 돌아왔다. 친정어머니는 적어도 아기가 백일은 지나고 비행기를 태워야 하지 않겠느냐며 눈물로 만류했지만, 우리에겐 떠나야 할 이유가 있었다. 엄마의 사랑도 중요하지만 글로벌한 환경에 적응하려면 사회 속에서 커야 한다고 생각한 우리 부부는 임신 초기부터 아기 보육 시설을 찾았다.

일본의 보육 시설은 크게 세 가지로, 즉 인가, 인증, 비인가로 나뉜다.

먼저 인가 보육소는 나라가 정한 설치 기준에 엄격하다. 시설의 넓이, 보육 선생님의 수, 급식, 재해 관리, 위생 관리 등을 통과한 기관으로, 공적 자원을 지원받기 때문에 비교적 싼 보육료를 내고 부담 없이 아이를 맡길 수 있다.

인증 보육소는 인가보육소만으로는 턱없이 부족해서 생긴 제도로, 역 앞에 시설을 세우거나 소규모로 구청의 인증을 받아 운영한다. 인가 보육소보다는 가격이 비싸고 좁은 경우가 많지만, 도심에서는 워낙 수요가 많아 여기도 경쟁이 심하다.

마지막으로 비인가 보육소는 구청에 접수는 해야 하지만, 기준이 인가 보육소만큼 까다롭지 않은 곳이다. 대개 사설 보육소가 많은데 회사 안에 있는 보육소나 대학교 내 보육소 등도 여기에 포함된다. 사설 보육소는 다양한 특화 프로그램을 제공할 수 있지만, 공적 자원을 지원 받지 못해 월 100만 원 넘는 보육료를 내야 하는 곳이 많다. 경제적 여유가 있는 사람이라면 몰라도 평범한 가정에서는 비인가 보육소에 맡기느니 차라리 엄마가 일을 포기하는 게 낫다고 생각한다.

나 역시 보육료와 신뢰도를 고려해 인가 보육소에 아이를 보내고 싶었다. 원에 따라 약간 차이는 있지만 만 0세 반의 경우 생후 8주 이상이면 들어갈 수 있어 아직 출산하지 않은 엄마들도 출산예정증명서를 내고 신청할 수 있다. 신청 기간에 나는 임신 8개월쯤이었는데 증명서와 희망하는 보육소를 써서 제출했다. 복잡한 서류 신청을 끝마쳤지만 여전히 마음은 무거웠다.

그동안 일본 보육원의 경쟁이 얼마나 치열한지 누누이 듣고 있던 터라 붙을 자신이 없었다. 그리고 떨어진 경우에는 인증 보육소에 보내거나 일을 포기할 생각도 했다.

그렇게 시간은 흘러 한국에서 아이를 만난 나는 몇 주 후에 인가 보육소에 들어갈 수 있다는 통지를 받았다. 꽤 늦은 연락이었는데, 보육원에 따르면 우리가 운 좋게도 보결 1순위로 붙었다고 한다.

전화를 받고 어찌나 기뻤는지 모른다. 그때까지 일본에서 혼자 지내던 남편도 뛸 듯이 좋아했다. 그 후 아기 여권과 출생 서류 등 모든 과정을 순조롭게 처리한 후 아기와 나는 일본행 비행기에 몸을 실었다.

보육원 면접과 설명회를 마치고 아이는 백일이 되는 날부터 인가 보육소인 구립 보육원에 다니기 시작했다. 아이가 다니는 보육원은 구립이라 준비물부터 재해 대비 훈련까지 철저하게 체계적이다. 기저귀는 하루에 몇 장 썼는지 확인 가능하도록 쓰레기를 그대로 가져와야 했고, 안전사고 방지를 위해 모자 달린 옷, 치마 달린 바지, 머리핀 등 반짝이는 장식도 금지됐다.

그렇지만 내가 가장 놀란 것은 철저한 의료 시스템이었다. 아이가 아직 어리고 약한 0세 때는 매주 소아과 의사가 보육원에 직접 와서 검진을 했다. 그리고 간호사가 상주하여 아이의 결막염이라든가 모기 물린 곳까지 작은 변화도 민감하게 알아채고 조언을 해주었다.

그렇게 아이를 맡기고 얼마 지나지 않았을 때, 작은 사건이 하나 생겼다. 아이를 데리러 간 어느 날, 보육사가 심각한 얼굴로 교무실에 가서 의사 선생님과 이야기를 해보라고 했다. 나는 우리 아이에게 무슨 일이 생긴 줄 알고 콩닥거리는 마음으로 교무실로 향했다.

교무실에는 의사와 간호사가 굳은 표정으로 앉아 있었다. 내가 들어서자 의사가 조심스럽게 말을 꺼냈다.

"아이 팔뚝에 멍든 것 같은 상처가 있는데 왜 그랬는지 아십니까?"

난 처음에 무슨 말인지 몰라 "멍이요? 그럴 리가 없는데…" 하며 당황했다. 그리고 곰곰이 생각해보니 한국에서 예방 접종한 자리가 약간 거무스름했던 것이 기억났다. 나는 아이가 태어나자마자 꼭 필요한 예방 접종은 한국에서 마치고 왔는데, 일본은 한국이랑 예방 접종 시기나 약이 거의 비슷한 편이라 일본에 건너와서도 큰 불편 없이 다음 예방 접종을 할 수 있었다.

그래서 솔직히 한국에서 이런저런 예방 접종을 했고 그중 하나가 멍 자국처럼 남은 것 같다고 말했다. 그러나 의사는 고개를 갸웃하며 "예방 주사 자국은 오래가지 않는데…" 하고 말끝을 흐렸다. 그리고 몇 가지 더 질문을 하고 간호사와 이야기를 나누더니 알았다며 그만 가 보라고 했다. 당연히 찜찜한 기분이 들었다.

처음에는 영문을 몰랐지만, 잠시 후 생각해보니 내가 어떤 의심을 받고 있는지 알 것 같았다. 내가 아기를 난폭하게 다루거나 학대를 하고 있지는 않은지 확인하려는 것이었다. 실제로 일본에서는 보육 시설에서의 아동 학대보다 부모가 굶기거나 때리거나 하는 친부모 아동 학대가 굉장히 큰 문제로 대두하고 있다.

한국은 워낙 자녀를 귀하게 키우는 문화라서 아이를 다른 사람 손에 맡겼을 때 위험하지, 부모가 자기 자식을 학대하리라고는 생각하지 않는다. 그렇지만 일본은 감시하는 눈이 많은 어린이집이나 유치원 등의 시설에 다니는 아이들은 괜찮고, 오히려 엄마가 집에서 키우는 아이들이 위험하다고 생각한다.

일본 뉴스를 보면, 엄마가 아이를 집에 가두고 나가는 바람에 굶어 죽는 경우도 있다. 또 말을 안 듣는다고 욕조 물에 빠뜨리거나, 체벌을 가하거나, 먹을 것을 너무 조금 줘서 서서히 말라 죽는 아이 등 부모에 의한 아동 학대가 끊이지 않는다.

이런 문제를 해결하기 위해 일본에서는 아이가 태어나면 두 달 안에 구에서 직원이 육아 상담이라는 명목으로 가정집에 방문하고 6개월, 1세, 2세 때 등 정기적으로 무료 건강 검진을 실시한다.

만약 이 검진을 받지 않으면 지속적인 연락은 물론 직원이 집을 찾아오기도 한다. 끊임없이 아이가 잘 크고 있는지, 학대를 당하고 있지 않은지 체크하는 시스템이다.

일본의 인가 보육원은 선생님 한 명당 돌보는 아이 수가 정해져 있다. 만 0세 때는 아이 3명에 보육사 1명, 만 1~2세 때는 아이 6명에 보육사 1명, 만 3세 이상 때는 아이 20명에 보육사 1명 등이다. 결코 많은 수는 아니지만, 정규직 보육사 외에 시간제 보육사를 고용해 아침 일찍부터 저녁 늦게까지 한 사람이 고된 일을 하지 않도록 규정하고 있다.

내가 감탄한 것은 맡은 아이가 한 명일 때도 두 명의 선생님이 서로를 감시하며 아동 학대가 일어나지 않도록 주의한다는 점이다. 나는 거의 매주 토요일에도 출근을 해서 아이를 맡기는데, 보육원에 다니는 아이들은 토요일에 거의 쉬어 우리 아이 혼자일 때도 많다.

그런데 그때도 늘 두 명의 선생님이 다른 여러 가지 일을 하면서 아이를 번갈아 돌봐주었다. 아이 수가 아무리 적더라도 보육사가 화장실에 가거나 식사를 하거나 할 때 교대할 사람이 필요하다. 그리고 혹시 모를 학대 행위를 방지할 수 있기 때문에 이런 시스템은 꼭 필요하다고 생각한다.

또한 보육원에서는 아이가 놀다가 사고가 생기면 아무리 사소한 것이라도 꼭 부모에게 이야기를 해줘 믿음이 간다. 상처가 났을 때는 물론, 아무런 표시가 안 날 때도 "아이가 넘어져서 머리를 부딪혔습니다. 응급 처치로 얼음주머니 마사지를 해주었습니다" 등 사고에 대한 보고를 철저하게 꼬박꼬박 해주었다.

물론 아이가 다쳤다는 이야기를 들으면 순간 화가 나고 속상하기도 하지만, 보고와 처치가 확실한 이상 문제 삼을 것은 없다고 생각한다. 집에서만 크는 아이도 다치는 일이 허다한데, 시설에 다니는 아이들은 오죽할까. 지난 몇 해 동안 일본 보육원을 겪으면서 나는 그래도 아이를 믿고 맡길 수 있어 다행이라고 생각한다.

아동 학대에 대한 경계는 일본 사회 전체에 퍼져 있다. 우리 회사 동료 중 한 명은 동네에서 친하게 지내는 엄마들끼리 모임을 하고 있는데 어느 날 "요즘 옆집 아이가 자주 울더라"는 이야기를 하자, 한 엄마가 정색을 하며 아동 학대는 아닌지 주의 깊게 살펴보라고 말했다고 한다. 동료가 절대 그럴 부모는 아니라고 말하자 그 엄마는 아동 학대는 특별한 사람에게 있는 일이 아니고 멀쩡한 사람도 집에 가서 아이를 학대할 수 있다며 경계하는 표정을 지었다고 한다.

동료는 내게 그 이야기를 하면서 일본 사람은 아무리 친한 사이라도 가족 내에서 아동 학대가 일어날지 모른다고 생각하며, 사회가 나서서 아이를 보호해야 한다는 인식이 강한 것 같다고 말했다.

한국에서 한동안 어린이집 아동 학대 문제로 시끌시끌했을 때, 내가 제일 먼저 생각한 것은 일본처럼 아동 학대 문제에 대해 사회 전체가 좀 더 신경을 써야 한다는 것이었다. 누구나 아동 학대자가 될 수 있으니 경계해야 한다고 생각하는 일본 사람들처럼 어린이집 동료 선생님이라 해도 뭔가 이상하다고 느끼면 바로 신고할 수 있어야 한다.

그리고 어떤 어린이집에서도 선생님들이 과도한 업무에 시달리지 않도록 해야 하며, 선생님들도 좀 더 자신의 일에 책임감을 가질 필요가 있을 것 같다.

만 0세부터 시작하는
일본의 재난 대피 훈련
16

    한국과 일본 교육의 큰 차이점이라면 아마도 재난 훈련을 들 수 있을 것 같다. 내가 기억하는 한국의 재난 대응 안전 훈련은 어렸을 때 거리에 울리던 민방공 사이렌뿐이다. 신나게 놀다가도 민방공 사이렌이 울리면 모든 일을 멈추고 몸을 피해야 했다. 어렸을 때 민방공 사이렌은 왠지 두려운 것이었고, 언제 전쟁이 일어날지 모른다는 막연한 공포도 있었던 것 같다. 서둘러 길가로 몸을 피하고 차도 사람도 다니지 않는 대로를 바라보던 때가 지금도 잊혀지지 않는다. 그러나 그때 나는 왜 움직이면 안 되는지 어디로 피해야 하는지도 잘 몰랐던 것 같다.

    자연 재해가 많은 섬나라 일본에서는 재난에 대한 교육이 철저하다. 초중고등학생은 물론 갓 태어난 아기도 재난 대피 훈련을 받는다. 1923년 9월 1일 발생한 관동 대지진을 기억하기 위해 일본은 매년 9월 1일을 '방재의 날(防災の日)'로 정하고, 각 자치단체에서 대대적으로 피난 훈련을 실시한다.

우리 아이가 다니는 보육원 역시 9월 1일에는 큰 지진이 일어났다는 가정 아래 보호자들과 보육사, 아이들이 일사불란하게 피난하는 연습을 한다. 나는 우리 아이가 만 0세 때, 처음으로 참가한 재난 훈련을 아직도 잊지 못한다. '방재의 날' 훈련은 이미 몇 달 전부터 공지를 한다. 그리고 약 한 달 전부터는 훈련 당일에 평소보다 한 시간 일찍 아이를 데리러 와달라는 부탁을 받는다. 진짜 재해가 일어났다고 생각해 유모차는 가져오지 말고, 엄마들도 피난에 용이한 복장을 하라고 한다.

그렇게 처음으로 참가한 대피 훈련에 나는 긴장한 채 아이를 데리러 갔다. 큰 강당에 반별로 모여 일렬로 앉아 있는 아이들 머리에는 방재 두건이 씌워져 있고, 추위와 더러움으로부터 몸을 지켜줄 티셔츠를 한 장 더 껴입고 있었다. 선생님들은 안전모에 방재 조끼를 입고 호루라기를 목에 걸고 있었다.

특히 제일 작은 아이들인 0세 반은 긴장된 분위기였다. 선생님들은 아기들을 앞뒤로 업고 안은 채 분주하게 움직였다. 좀 더 큰 아이들은 이미 재난 훈련이 익숙한 듯 가만히 침착하게 앉아 있었다. 강당 한쪽에는 비상식량과 물, 신발과 옷 등이 준비되어 있었다. 이 비상식량은 철저하게 유통 기한을 지켰다. 유통 기한이 지나면 새로운 식량과 물로 바꿔 상비해둔다고 했다. 얼마 후 문을 열고 운동장으로 나서자, 각 반별로 담당 선생님이 서 있었다. 선생님들은 데리러 온 엄마 순서대로 아이 이름에 체크를 하고 아이를 건네주었다. 이제 8개월 된 우리 아이는 영문도 모른 채 방재 두건을 쓰고 땀을 뻘뻘 흘리며 나왔다. 어리둥절한 표정의 아이 얼굴을 보자,

웃음이 나올 것 같았지만 워낙 진지한 훈련이라 꾹 눌러 참고 아이를 건네받았다. 제 몸보다 큰 두건과 티셔츠를 뒤집어쓴 아이를 데리고 집으로 돌아오는 길에는 아무 탈 없이 오늘 하루를 보냈다는 것에 감사한 마음이 들었다.

나는 2011년 동일본 대지진이라는 큰 사건을 경험했다. 엄청난 자연 재해 앞에서 무기력하게 사라진 마을과 사람들을 지켜본 나는 가족 모두 별 탈 없이 보내는 하루의 소중함을 더 절실히 느낄 수 있었다. 그리고 이런 일이 있을 때마다 내 가족은 물론 나에게도 후회 없는 하루를 보내야겠다고 다짐한다.

<u>보육원에서는 재난 대피 훈련을 매달 실시하고, 1년에 한 번 대규모 훈련을 한다. 훈련 내용에 대해서는 매달 통신문이나 메일로 보고를 받을 수 있다. 그 덕분에 나는 어떤 재난이 닥치더라도 선생님들이 내 아이를 지켜줄 것이라는 믿음을 가질 수 있게 되었다.</u>

그리고 실제로 지금까지 몇 번 크고 작은 지진이 있었는데, 그때마다 최신 방재 연락망을 통해 아이들의 피난 상황을 실시간으로 확인할 수 있었다. 아이들은 스스로 피난하는 법을 배우고, 선생님들은 재해 시에도 성의껏 아이들을 보살피고 지도한다. 우리 아이도 어느새 지진이 나면 얼른 책상 아래로 몸을 숨기는데, 그럴 때면 아이가 자기 몸 지키는 방법을 알아가고 있구나 하는 생각에 기특한 마음이 든다.

일본에서도 2014년 4월 16일 한국에서 일어난 세월호 침몰 사고를 대대적으로 보도했다. 사고는 언제 어디서나 일어날 수 있다. 하지만 사고 후 대처 방안을 매뉴얼화해 철저히 지키는 일본 사람들은 큰 충격을 받았다.

특히 승객을 버리고 먼저 탈출한 선장과 선원들에 대해서는 상상할 수조차 없는 일이라며 강하게 비난했다. 재난과 재해 관리를 평소 철저히 했더라면, 일본처럼 재난 대피 훈련을 철저히 실시해 자기 몸을 자기가 지킬 수 있었다면, 훨씬 많은 승객들이 살 수 있지 않았을까 하는 생각을 지금도 종종 한다.

　지진과 태풍, 화산 폭발의 두려움을 별로 겪지 않고 살 수 있는 한국은 참 살기 좋은 나라다. 하지만 끊이지 않는 안전사고 뉴스를 보면서 인재에 대해 조금 더 철저하게 대비하고 교육해야 하지 않을까라는 생각을 한다. 재난 대피 교육은 언제 어디에서 일어날지 모르는 사고에 대비해 자기 몸을 지키는 반드시 필요한 교육이다.

사과와 책임 의식을 강조하는
일본의 교육 문화
17

요즘 우리 아이의 말버릇은 "누가 했어!"다.

집을 하도 어질러놓아서 내가 종종 "이거 누가 했어!"라고 혼을 냈더니 아이가 어느새 그 말을 똑같이 쓰고 있었다. 길거리에서 공사를 하고 있으면 "이 건물 아야 아야. 이거 누가 했어", 쓰레기가 떨어져 있으면 "어? 쓰레기. 이거 누가 했어!"라며 화를 낸다. 말뜻을 알고 쓰는지 그냥 쓰는지 모르겠지만, 툭하면 남의 탓을 하는 딸의 말에 나 자신을 돌아보지 않을 수 없었다. 그리고 역시 아이 앞에서는 함부로 말을 하면 안 되겠구나 깊이 반성했다.

아이들끼리 어울려 놀다 보면 싸움이나 다치는 일이 허다하다. 잘 놀다가도 마지막에는 꼭 엉엉 울며 돌아가는 아이들이 있는데 그때 엄마들은 말한다.

"왜 그러니? 누가 그랬니?"

내 유년 시절 때도 걸핏하면 듣는 말이었다. 아이에게 무슨 일이 생겼을 때, 엄마들은 당연하다는 듯 누구 책임인지를 물었다. 그러면 어떤 아이는 상황을 설명하고 어떤 아이는 자기 잘못인양 고개를 숙였다. 별일 아니어도 분위기는 한순간에 싸늘해지고 아이들은 뿔뿔이 흩어져 각자 집으로 가버렸다.

그런데 나도 엄마가 되고 보니 별다르지 않았다. 소중한 내 아이가 얼굴에 상처를 입거나 흉터가 남을지도 모른다는 이야기를 들으면 화가 났다. 그리고 이내 "누가 그랬지? 누구야?" 하는 말이 저절로 머릿속을 스쳐 지나갔다.

보육원에 다니는 딸이 만 한 살 때 일이다. 일을 마치고 데리러 가 보니 아이 팔뚝이 엉망이었다. 깊이 패인 선명한 이빨 자국. 꺼멓게 멍이 들어 퉁퉁 부어 있었다. 누군가에게 물린 게 틀림없었다. '아니, 이거 흉터라도 남으면 어떡해. 누구지? 누가 이랬지?' 너무 속상해서 금방이라도 눈물이 나올 것 같았다.

그때 담당 선생님 중에서도 베테랑이신 선생님 한 분이 황급히 달려오더니 머리를 숙이며 사과했다.

"어머니, 죄송합니다. 다른 친구와 놀다가 다툼이 일어나서 그렇게 됐어요. 응급처치로 얼음찜질을 하고 바셀린을 발랐습니다. 정말 죄송합니다. 주의해서 살피도록 하겠습니다."

선생님의 정중한 사과에 더 이상 물을 수는 없었지만, 이때도 내 머릿속에서는 "누구예요? 누구랑 싸웠어요?"가 맴돌았다. 그 말을 입 밖으로 내고 싶어 근질근질했다. 선생님 설명에 의하면 같은 반 친구가 빌려달라는 장난감을 우리 아이가 빌려주지 않았고, 친구가 화가 나서 아이를 물었다. 물론 우리 아이도 당하고만 있지는 않았다. 결국 둘은 서로 밀치고 싸움이 벌어졌다.

결론적으로 보면 그냥 흔한 아이들 싸움이고, 굳이 따지면 쌍방 과실이었다. 하지만 깊은 상처를 입은 것은 우리 아이인지라 나는 화가 났다. 그래서 그 친구는 어떻게 됐는지 얼굴이라도 보고 싶은데, 보육사는 누가 그랬는지 끝까지 말하지 않았다. 아이에게 좀 더 신경을 쓰겠다며 사죄만 했을 뿐이다.

집에 돌아와서도 아이 팔을 보면 너무 속상해 분이 쉽게 가시지 않았다. 늦게 퇴근한 남편에게 아이 팔을 보여주자 깜짝 놀랐다. 그리고 당연하게 물었다.

"누구야? 어떤 애가 그랬는데?"

그날 밤 나는 같은 반 아이들을 머릿속으로 한 명씩 떠올리며, 평소에 그럴 만한 아이들을 몇몇으로 추렸다. 그리고 우리 아이랑 종종 옥신각신하고 있는 고집쟁이 한 명을 마음속의 후보로 점찍었다.

다음 날 아이를 다시 보육원에 데려갔더니 어젯밤에 점찍은 그 아이가 눈에 들어왔다. 다른 남자아이와 블록을 가지고 실랑이를 하는 모습.

'그래. 저 아이가 틀림없어.'

그때부터 그 남자아이가 얼마나 알미운지 하는 행동 하나하나마다 거슬렸다. 아이를 어떻게 가르치고 있는 건지 그 부모에게도 짜증이 났다. 그런 혼자만의 분노가 거의 몇 달은 갔던 것 같다.

그 후에도 우리 아이는 몇 번 더 상처를 입어 왔고, 싸움을 했다. 누군가가 진흙탕에 밀어 옷이 엉망이 되어 돌아올 때도 있었다. 아직 만 한 살의 아기 때라 일부러 왕따를 시키는 것은 아니겠지만, 그때마다 선생님은 항상 응급처치와 치료 방법에 대해 설명하고 고개 숙여 사과했다. 하지만 단 한 번도 누구와 그랬는지, 누가 잘못했는지에 대해서는 말하지 않았다.

모자란 초보 엄마는 나중에야 깨달았지만 선생님의 방법은 옳았다. 감정적으로야 누가 그랬는지 확실히 따지고 싶지만, 누가 그랬는지 안다고 해서 사실 달라질 것은 없었다. 놀다가 그랬으니 그 아이를 한 대 때릴 수도 없고, 그 아이 엄마에게 사과를 요구하지도 못할 것이다. 게다가 내 마음 속으로 그 아이를 미워하고, 그 엄마를 볼 때마다 짜증이 날 테니까 말이다.

반대로 생각하면, 우리 아이가 다른 아이한테 상처를 입힌 일도 수없이 많을 것이다. 특히 우리 아이는 이기적이고 욕심이 많아서 많은 문제를 일으킬 것이다. 그런데 만약 그때마다 다른 엄마들에게 그 사실을 알렸다면, 내가 사과를 하러 다녔다면 어떻게 되었을까? 왕따라도 당하지 않는 게 천만다행이다.

<u>보육원뿐만 아니라 유치원이나 초등학교에서 다툼이 일어도 선생님들은 누구의 잘못이라는 것을 가르쳐주지 않는다. 그리고 부모들도 사소한 싸움이라면 굳이 누구의 책임을 묻거나 선생님이나 학교에 시비를 가릴 것을 요구하지 않는다.</u>

아이를 맡기고 있는 입장에서 보면 소동을 일으킬 경우 자기 아이에게 피해가 오지 않을까 생각하기 때문이다. 물론 유치원생만 돼도 누구랑 싸웠는지 말할 수 있고, 주변에서 지켜본 아이들의 이야기를 토대로 전체적

인 상황을 파악할 수 있다. 그리고 정말 크게 다치거나 악질적인 왕따 등의 문제는 선생님들도 묵과하지 않는다.

내가 아는 한국인 부부의 아들은 일본 초등학교에 다녔다. 그런데 어느 날부터 학교 가기를 싫어해서 물어보니 수영 수업이 있는 날, 아이 몸에 있는 점을 갖고 일부 아이들이 놀렸다고 했다. 회사 선배는 학교를 찾아갔고, 담임부터 교장 선생님까지 나서서 사과를 하고 문제 해결을 위해 노력하겠다는 약속을 받아냈다.

다음 날 교장 선생님은 학생들을 모아놓고 그 어떤 이유로도 친구를 놀리거나 상처를 주면 안 된다는 교육을 했고, 아이들은 선배 아들에게 사과를 했다. 선배 아들도 다시 수영 수업에 참석했고, 무사히 학교를 졸업할 수 있었다.

일본에서는 기업에서 어떤 문제를 일으키면 기업 대표가 기자회견을 열고 고개 숙여 사죄한다. 그리고 대부분 기업의 대표가 사임을 한다. 비록 사원 한 명의 잘못이더라도 많은 사람에게 피해를 입혔다면 대표가 사과하고 책임을 지는 것을 일본에서는 당연한 일로 생각한다.

얼마 전 일본에서는 아파트 부실 공사 문제가 크게 보도됐다. 유명 부동산 업체가 분양한 브랜드 아파트였는데 한 동이 점점 기울고 있는 것이 밝혀진 것이다. 조사 결과 기초 공사에서 부실했던 것이 원인이었고, 현장 감독도 부주의했던 것으로 나타났다.

건설 회사 대표, 분양 업체 대표들이 참석해 주민들과 직접 이야기를 나눴고, 분양 업체와 건설 회사는 아파트 전체를 새로 짓는 한편 그 동안의 숙박비를 물어주겠다고 발표했다. 아울러 재입주를 희망하지 않는 사람에게는 새 아파트 분양 가격으로 보상하고, 다시 돌아오고 싶은 사람에게는 그 동안의 모든 이사비, 월세, 정신적 위로금 등을 지급하겠다고 발표했다. 그리고 그 현장 감독이 맡았던 다른 공사까지 전부 부실 여부를 조사했다.

비약이겠지만 이런 책임 의식은 일본 교육에서부터 나온 것 아닐까. 사소한 시시비비를 따지기보다 대응 방법을 내놓고, 사안이 심각하면 책임자가 직접 사과하는 모습이 가끔 부럽게도 느껴진다.

일본의 가정교육은
목욕 문화에서부터 시작된다
18

언젠가 일본 사람에게 "한국에서는 대부분 아침에 머리를 감는다지요?"라는 말을 들은 적이 있다. 지금은 나도 저녁에 머리를 감고 자지만 곰곰이 생각해보면 나도 어렸을 땐 덜 말린 머리를 휘날리며 학교로 달려갔던 기억이 있다. 샤워는 저녁에 하지만 머리는 아침에 감는 것이 보기 좋았기 때문이다. 우리 가족이나 친구, 적어도 내 주변에 있는 사람 중에는 아침에 머리를 감는 경우가 많았다.

그래서 일본 사람들은 언제 머리를 감느냐고 물어보니 "일본 사람들은 매일 저녁 욕조에 들어가니까 머리도 저녁에 감아요"라는 대답이 돌아왔다. 정말 대부분의 일본 사람들은 매일 욕조에 몸을 담근다. 한여름에 땀을 뻘뻘 흘리고 돌아온 날에도 따끈한 욕조 물에 들어간다. 샤워는 어디까지나 임시방편적인 방법이라고 생각해 단 5분이라도 욕조에 몸을 담근다. 일본에서 욕조 없는 집은 가난함의 상징으로 여겨져 고생했던 시절을 회상

할 때는 흔히 "욕조도 없는 집에서 살았지"라고 말한다. 그만큼 일본 집에 욕조는 필수이고, 일본 사람에게 욕조에 몸을 담그는 일은 아주 중요한 하루의 일과다.

일본 가정집은 대부분 욕실과 화장실이 분리되어 있다. 욕실에는 욕조와 샤워기가 있고, 화장실은 딱 한 사람이 들어가면 알맞은 아늑한 크기로 따로 떨어져 있다. 일본 화장실은 물기가 닿지 않는 건식 스타일이기 때문에 바닥에 전용 매트를 깔고 변기 덮개에도 커버를 씌우는 경우가 많다. 예쁘기도 하지만 대부분 화장실에 비데를 설치한 특성상 보온 유지를 위해서도 커버를 씌우는 편이다. 매트와 커버 그리고 화장실용 슬리퍼는 세트로 구매해 인테리어에 신경을 쓰는 것도 특징이다. 화장실 슬리퍼는 화장실에서만 신어야 하며, 깜빡 잊은 채 신고 나오면 실례가 되기 때문에 주의해야 한다.

화장대 겸 세면대는 따로 분리해 욕실 밖에 있는 것이 보통이다. 세면대에 들어갈 때도 보통 문이 하나 더 있어 탈의실 기능을 한다. 세면대 근처에는 보통 세탁기를 놔서 빨랫감을 바로 세탁기에 넣을 수 있도록 되어 있다. 가족 여러 명이 사용하는 만큼 한 명이 욕실을 쓰는 동안 다른 사람이 세면대에서 양치를 하거나 화장실을 이용할 수 있다는 측면에서 일본의 집 구조는 아주 과학적이고 편리하게 설계되어 있는 듯하다.

그런데 재미있는 것은 원룸 같은 혼자 사는 집도 욕실과 화장실을 분리시킨다는 점이다. 내가 처음 일본에 왔을 때는 기숙사 생활을 했는데, 여러 명이 공동생활을 하는 만큼 당연히 화장실과 욕실이 분리되어 있었다. 그 후 혼자 살게 되어 원룸을 구하러 다닐 때 부동산 아저씨가 "이 집은 원룸

이지만 욕실과 화장실이 따로예요. 어때요? 좋지요?"라고 물어봐서 당황한 적이 있다. 집값 비싼 도쿄에서 원룸은 보통 유닛배스(ユニットバス)라고 일컫는 욕실과 화장실이 함께 있는 일체형이 많은데, 화장실이 분리된 원룸은 보통 원룸보다 월세가 10만 원 이상 비쌌기 때문이다. 화장실을 분리해놓은 것이 매달 월세를 10만 원 이상 더 낼 만큼 의미 있는 것일까? 나로서는 미스터리였다.

그래서 일본 사람들에게 왜 욕실과 화장실을 분리해야 하는지 물어봤는데 대부분 사람들은 그 이유로 "화장실이 젖는 게 싫어서"를 제일 우선으로 꼽았다. 화장실은 당연히 건조한 곳이라 젖은 슬리퍼를 신거나 변기가 젖어 있는 것은 상상할 수 없다고 했다. 화장실 청소도 물로 하는 것이 아니라 전용 클리너를 따로 사용한다. 클리너로 변기는 물론 바닥, 벽까지 깨끗하게 닦아둔다.

일본에서는 옛날부터 화장실을 깨끗하게 하면 예쁜 아기를 낳는다고 해서 화장실 청소를 중요하게 생각했다고 한다. 화장실과 욕실을 분리한 것에 대해 여자들이 꼽은 또 다른 이유로는 "욕조에서 변기를 보고 싶지 않다"는 것이었다. 하루의 피로를 푸는 반신욕 시간에 눈앞에 변기가 있으면 기분이 나쁘고, 목욕으로 몸이 깨끗해진다는 느낌도 없다고 했다. 그 말을 듣고 나는 일본 사람들이 얼마나 목욕 시간을 소중하게 생각하는지 알 수 있었다.

목욕을 좋아하는 사람들이니만큼 목욕 관련 용품이 다양한 것도 일본의 특징이다. 욕조에 풀어서 쓰는 입욕제나 거품제는 셀 수 없을 정도로 많아 취향대로 고를 수 있고, 아이가 목욕을 즐길 수 있도록 호빵맨이나 각종 캐릭터 입욕제도 많이 팔고 있다. 욕조에 몸을 담그고 있는 시간이 지루하지 않도록 욕실용 방수 텔레비전도 많이 팔리고, 책이 젖지 않도록 보호하는 책 방수 커버, 스마트폰 방수 커버 등 아이와 어른을 위한 방수 용품도 많이 팔린다.

또한 일본 집 욕실에는 대부분 '오이다키(追い炊き)'라는 기능이 있는데, 욕조에 받아둔 물을 데워 쓰는 것을 말한다. 일본 사람들은 매일 저녁, 거의 같은 시간에 목욕을 하기 때문에 욕조에 한 번 물을 받으면 온 가족이 사용하는 경우가 많다. 그래서 욕조 물에 들어가는 순서를 정하느라 가족끼리 경쟁하기도 하고, 한 번에 가족이 함께 들어가는 경우도 적지 않다. 좀처럼 가족과의 대화 시간을 갖지 못하는 바쁜 아버지도 입욕 시간을 이용해 아이들과 이야기를 하며 교감을 나눈다.

욕조 안에 들어가기 전에는 샤워를 한 번 하는 것이 매너이기 때문에 물이 더럽지는 않지만 나중 순서일수록 욕조물이 탁해지는 것은 어쩔 수 없다. 그래서 일본 욕실 용품 중에는 거름망이나 뜰채 같은 것도 있다.

욕조에 들어가는 순서는 옛날부터 어른 먼저, 남자 먼저라는 인식이 강하다. 그래서 지금까지도 할아버지 할머니 댁에 가면 어른들이 가장 먼저 들어가고, 남자들이 들어간 후 며느리가 가장 나중인 경우도 있다. 일반 가정에서는 아버지가 먼저 욕조를 쓰고 다음에 아이들, 마지막에 어머니가 쓴다. 하지만 보통 늦게 퇴근하는 아버지들이 많아 일찍 자는 순서대로 아이들이 제일 먼저 목욕하는 게 당연하다고 생각하는 사람들도 많다.

가족이 많다 보면 순서가 돌아올 때까지 꽤 시간이 걸리기 때문에 목욕물이 다 식어서 욕조에 목욕물 데우기 기능은 필수다. 버튼 하나로 간편하게 자신이 원하는 욕조 물 온도를 맞출 수 있어 취향대로 조절이 가능하다. 게다가 일본 욕실에는 건조 기능까지 있어 건조기를 틀어놓으면 곰팡이가 피지 않도록 관리할 수 있고 욕실마다 빨래줄이 있어 장마철에는 빨래를 말리는 용도로도 사용한다.

여러모로 과학적으로 설계된 일본 집이지만 더 놀라운 것은 가전제품이다. 알뜰한 일본 주부들은 여러 명이 사용한 욕조 물도 버리지 않고 청소하거나 빨래를 하는데 이용하는데, 일본 세탁기에는 대부분 '목욕물' 기능이라는 것이 있다. 세탁기를 살 때 목욕물 전용 호스도 같이 줘서 욕조물을 끌어당겨 세탁물로 이용하는 기능이다. 나는 아직 한 번도 이 기능을 사용해본 적이 없지만, 세탁기를 돌릴 때마다 물 한 방울 허투루 버리지 않는 일본인의 절약 정신에 늘 감탄한다.

집에서 하는 목욕도 좋지만 화산으로 인해 온천이 발달한 일본에서는 가족끼리 온천 여행도 자주 간다. 시내에도 테마 온천이 많은 데다 지방으로 가면 유서 깊은 온천 리조트가 많아 아이들과 국내 여행을 할 때는 안성맞춤이다.

온천 탕에 들어가기 전에는 꼭 한 번 물을 뒤집어쓰고 몸을 깨끗이 한 후 들어가야 한다. 그리고 돌아다닐 때는 얇은 수건 한 장으로 몸을 가린다. 일본 온천에는 때 타월이 없는데 이 얇은 수건이 때 타월 역할을 하기도 한다. '일본 온천' 하면 외국인에게는 노천 온천이나 혼욕 등의 이미지가 생각난다. 하지만 혼욕탕이 있긴 해도 대부분 노인들만 이용해서 외국인들이 우려하는 사건(?)은 별로 없다. 노천 온천도 대부분 담을 쌓거나 사람들 눈에 띄지 않는 깊은 산속에 위치해 있기 때문에 알몸을 두려워할 필요 없이 마음껏 즐길 수 있다. 여름에는 여름대로 신록의 아름다움을 만끽하고, 겨울에는 하얗게 내리는 눈을 맞으며 즐기는 노천 온천의 색다른 맛을 즐길 수 있다.

나는 처음에는 한겨울 노천 온천의 매력을 잘 알지 못했는데, 몸은 따뜻하고 노곤노곤한데 얼굴과 머리는 차가운 바람을 쐬는 것이 얼마나 상쾌한 경험인지 알고부터 노천 온천의 매력에 빠져버렸다. 그래서 종종 남편과 이야기할 때 다른 나라에 가서 살게 되더라도 일본의 노천 온천과 초밥 맛은 영원히 잊지 못할 거라고 말한다. 온천은 자연 재해가 끊이지 않는 불운한 땅, 일본에 내려진 하나의 선물일지도 모른다.

어릴 때부터 인내와 절제를 가르치는 일본식 교육의 힘
19

 "점심 뭐 드셨어요?" 내 물음에 "빵 먹었어요"라고 대답하는 그녀. "점심 식사로 빵은 부족하지 않아요?"라는 내 질문에 언제나 그렇게 먹는다며 충분하다고 대답한다. 나와 내 주변의 한국 사람들이 일본 사람들에게 항상 궁금해하는 것 중 하나는 일본인이 빵을 '식사'라고 생각하는 점이다. 아침도 빵이고, 점심도 빵이고 가끔 저녁도 빵을 먹는다. 뉴스를 보다가 저녁 때 먹을 빵을 사고 있는 어떤 엄마 인터뷰가 나와서 이곳이 유럽인가, 일본인가 황당했던 적이 있다.

 빵을 주식으로 먹는 사람이 많다 보니 일본에는 단맛이 나는 디저트 빵, 소시지나 카레 등이 들어간 식사용 빵, 바게트 등의 프랑스 빵이 다양하게 팔리고 있다. 세계대전 패전 이후 식량 부족을 겪은 일본은 한때 미국의 무지방 분유와 밀가루 원조를 받아 학생들에게 학교 급식으로 빵을 배급한 적이 있었다.

빵과 서양 수프 혹은 빵과 반찬. 어렸을 때부터 빵을 먹고 자란 일본인들은 식사로 빵을 먹는 것을 당연하게 받아들인다. 게다가 냄새에 민감한 일본 사람들에게 빵은 사무실에서 먹어도 남에게 폐를 끼치지 않아 점심식사로 더욱 환영받는다.

빵 문화는 그렇다 치더라도 일본인의 식사는 의외로 조촐하다. 아침은 토스트 한 조각, 요구르트, 바나나 정도면 훌륭한 편이다. 점심은 도시락 혹은 편의점에서 사온 간단한 삼각김밥이나 냉동식품을 전자레인지에 한 번 돌려 먹는다. 저녁 또한 외식하지 않는 날은 주메뉴 한두 가지로 만족한다. 내가 아는 IT 계열 전문직 일본 남성의 저녁 식사는 늘 샐러드뿐이고, 직업이 의사인 어떤 남성은 휴게 시간이 2시간임에도 불구하고 점심을 냉동식품으로 해결한다고 했다.

미혼 직장 여성의 식생활은 더 빈약하다. 살이 찔까 봐 저녁 늦게 끝난 날은 굶거나 칼로리가 거의 없는 곤약으로 허기를 채운다. 일본에서도 인정받는 기업에 다니거나 혹은 전문직으로 연봉 700만 엔이 넘는데도 불구하고 그들은 잘 먹고 잘 사는 것에는 무심한 듯 살아간다.

2015년 일본 신생은행에서 직장인 2000명을 대상으로 실시한 설문조사에 따르면, 일본 직장인의 평균 점심값은 601엔이었다. 이는 최저 금액이었던 2010년의 507엔보다는 높아진 것이지만, 아예 도시락을 지참해 점심값을 쓰지 않는 비율도 35퍼센트를 차지해 리먼 쇼크 이후 최고치를 경신했다고 한다.

일본 회사에서는 보통 점심값을 지원하지 않는다. 다 같이 나가서 함께 밥을 먹는 경우도 드물고, 먹더라도 1엔 단위까지 정확히 각자 지불한다.

그렇기 때문에 직장인들에게 점심값은 늘 절약 대상으로 여긴다.

일본 직장인의 도시락은 기본적으로 전날 저녁에 먹고 남은 반찬이다. 저녁을 먹기 전에 일부 덜어놓거나 남은 것에 냉동식품 몇 가지를 추가해서 가져간다. 아이들이 있는 집은 아내가 아침 일찍 일어나 아이와 남편 도시락을 만드는데 주메뉴 하나에 나머지는 색깔만 맞춰 방울토마토나 브로콜리, 치즈 등을 끼워 넣는 정도다. 어른이든 아이든, 급식이든 도시락이든 식당밥이든 쌀 한 톨 남김없이 깨끗하게 비우는 것도 일본 식사 문화의 예절이다. 한국 사람들은 보통 일본 식당이 반찬도 안 주고 야박하다고 생각하지만 일본 사람들은 밥이면 밥, 면이면 면 하나만으로도 충분하다고 생각한다. 그리고 반찬을 무한 리필해주는 대신 밥값을 더 싸게 받는 것이 합리적이라고 생각한다.

처음 일본에 왔을 때 문화적 충격을 받았던 것 중 하나가 도쿄 곳곳에 위치한 '서서 먹는 가게'였다. 주로 역 근처에 자리잡고 있는 서너 평 남짓한 가게에는 뜨끈한 메밀국수를 들이키는 사람들로 가득하다. 일본에서 '서서 먹는 가게'라면 메밀국수가 제일 유명하지만 카레집도 있고 우동집, 초밥집, 심지어는 스테이크 집과 술집까지 다양하다. 주문을 하고 500엔 남짓의 가격을 지불하면 거의 동시에 나오는 메뉴. 사람들은 그것을 후루룩 들이키고 가게를 빠져나간다. 잘 씹어 먹기는 했는지, 뭘 먹었는지 기억이나 할까 싶을 정도로 빠른 속도다.

'서서 먹는 가게'의 역사는 에도 시대 포장마차에서 시작됐다고 하는데, 정착된 것은 세계대전 패전 이후 철도역 근처에 메밀국수 가게가 들어오면서부터라고 한다. 기차를 기다리면서 허기를 채우는 장소. 그것이 오늘

날 바쁜 샐러리맨들의 점심이자 해장, 속풀이용으로 이용되는 것이다.

뭘 먹을까 메뉴 고민할 것 없이 정해진 메뉴 중 하나를 시키고, 음식이 나오는 속도도 빠른 데다 앉아서 느긋하게 먹지 않으니 손님 회전도 빠르다. 빨리 먹고 점심시간을 자기를 위해 쓰거나 아니면 다음 일을 향해 시동을 건다.

능률적이라고 해야 할까. 다들 뭐가 그렇게 바쁜지 모르겠지만, 먹는 것보다 다른 일이 더 중요하다고 생각하는 것임에는 틀림없다. 메뉴 고민하기 싫어서 매일 같은 것을 먹는다는 사람도 여럿 있는 것을 보면 정말 일본인들은 무엇을 위해 살고 있는 걸까 궁금할 정도다.

식사뿐만 아니라 일본인들은 다른 면에서도 절제와 인내를 발휘한다. 감정 표현이 특히 그렇다. 잘 알려졌다시피 일본인은 장례식장에서도 통곡을 하지 않는다. 아무리 억울하게 떠난 사람이라도 가족이 손님들 앞에서 통곡하는 것은 예의가 아니라고 생각한다. 혼자 있을 때라야 마음껏 울 수 있다고 한다.

술에 취하지 않은 이상 박장대소하거나 큰 소리로 화를 내는 사람도 드물다. 추위든 더위든 어느 정도 참을 수 있어야 하고, 길을 가다 넘어진 아이가 울지 않고 툭툭 털고 일어나면 '착한 아이'라고 한다.

기다리는 것도 익숙해서 맛있는 라멘 한 그릇을 위해 줄을 서거나 원하는 것이 있으면 밤을 새서라도 기다리는 게 당연하다. 일본 회사들의 연수는 엄격하기로 유명하고, 기술을 하나 배우려면 몇 년이고 수행을 해야 몸에 익혔다고 생각한다. 회사를 자주 옮기는 것도 달갑지 않아 한다. 참을성과 인내를 중시하는 사회이기 때문이다.

2004년 드라마 〈겨울연가〉가 한류 붐을 일으키며 공전의 히트를 기록한 것은 일본인이 잊고 살아온 애틋한 감정을 자극했기 때문이다. 아름다운 설경을 배경으로 한 첫사랑의 기억, 헌신적인 사랑, 짝사랑 등 순수한 연애를 그린 드라마가 마침 건조하게 살고 있는 일본 여자들의 가슴에 탁 꽂혀 버린 것이다.

K-POP 전성기인 2차 한류붐일 때 기자 일을 해서 많은 한류 팬들을 인터뷰할 기회가 있었는데, 대부분 한국 문화를 알게 되면서 인생이 바뀌었다고 말했다. 그 전에는 뭔가 열중할 것이 없어서 무미건조한 인생을 살았는데, 한류로 인해 폭발적인 에너지를 느꼈다는 것이다. 그런 이야기를 들으면서 '일본에는 자기도 모르는 사이에 감정과 생각을 억누르며 사는 사람들이 많구나' 하는 생각이 들었다.

아이들 교육에서도 인내와 절제는 항상 중요하다. 우리 아이가 일본 보육원에서 처음 배워온 일본어는 '가시테'와 '준방코'였다. 아직 발음이 불분명한 만 1세 때쯤이라 아이가 뭐라고 하는지 알아들을 수 없었는데, 두 손을 모으고 '가시테'라고 하면 엄마가 들고 있는 혹은 꺼내줄 수 있는 물건을 달라는 뜻이었다. '가시테'는 일본어로 '빌려줘'라는 말이다.

어른이 되어서 일본어를 배운 나는 이런 말을 한 번도 써본 적이 없었는데, 일본에서는 자기 손이 닿지 않는 곳에 있는 물건을 집어달라고 부탁할 때도 반드시 '가시테(貸して)'라는 말을 사용한다. 심지어 자기 물건이라도 다른 아이가 쓰고 있으면 '빌려줘'라고 말해야 한다. 요컨데 '가시테'는 소유는 불분명하지만 지금 그 물건을 들고 있는 사람에게 양해를 구하는 말이었다.

이처럼 아이들은 만 1세가 되기도 전에 서로가 서로에게 허락을 구하고, 친구가 빌려줄 때까지 기다리는 법을 배운다. 우리 아이처럼 자기중심적인 아이는 처음엔 '가시테'라는 말을 하기 전에 손을 뻗거나 울음을 터트렸지만, 시간이 지나자 언제 그랬느냐는 듯 능숙하게 그 말을 사용했다.

그리고 '준방코(順番こ)'는 '순서대로', '차례차례'라는 뜻이다. 어느 날 공원에서 미끄럼틀을 타며 놀던 아이가 앙칼지게 '준방코'를 외쳤다. 이 단어 역시 나는 처음 듣는 유아 용어였는데, 내가 가르친 적도 없는데 아이가 이미 질서와 순서를 습득하고 있다는 사실이 놀라울 뿐이었다.

보육원에서 식사 시간이 되면 아이들은 자기 자리에 앉아 "잘 먹겠습니다"를 일제히 외친다. 보육사는 채소를 안 먹는 아이들에게 다가가 "어, 저 친구는 먹었네"라며 독려하기도 하고 권해보기도 하지만 억지로 먹이지는 않는다. 어떤 아이는 입이 짧아 포크조차 들지 않고, 어떤 아이는 허겁지겁 한 그릇을 다 비우고 눈동자를 반짝이기도 한다.

한 끼는 정확히 500칼로리로 정해져 있는데 아무리 잘 먹는 아이라도 두 번 이상 주식을 새로 채워주지는 않는다. 먹고 싶지 않아도 자리에 앉아 있어야 하는 인내와 더 먹고 싶어도 먹을 만큼만 먹어야 하는 절제를 배우는 것이다. 그 덕분인지 100명이 넘는 보육원 아이들 중 비만인 아이는 한 명도 없다.

많은 것에 인내와 절제를 하지만 자기가 좋아하고 하고 싶은 일에는 비용과 시간을 아낌없이 투자하는 것도 일본의 특징이라고 생각한다. 아이들은 밖에서 다른 사람에게 피해를 주지 않도록 말과 행동을 절제해야 하지만, 방과 후에는 놀이터나 학교 운동장에서 마음껏 뛰어놀 수 있다.

수험생인 중3, 고3이 되어서도 좋아하는 스포츠와 클럽 활동을 즐기는 아이들이 있고, 부모들도 이것을 응원한다. 어른이 되어서는 가족을 위해, 회사를 위해 절제된 삶을 살지만 그 해방구로 일본인들은 취미를 찾는다.

내가 근무하고 있는 한국어 학원에는 70대 노인이 몇 분 있다. 비록 좀처럼 한국어가 늘지 않아 고민하고 있지만, 좋아하는 일을 하기 위해 전철을 타고 나와 학원에 다니고 교과서를 산다. 많은 것을 절제하는 대신 하나에 집중하는 능력, 나는 이것이 일본인의 근성이고 성공의 비결이 아닐까 생각한다.

남에게 폐를 끼치지 말라고
가르치는 메이와쿠 정신
20

올해도 일본에는 여러 자연 재해가 있었다. 화산 폭발, 지진, 태풍, 홍수 등. 텔레비전 뉴스에서는 대피소에서 생활하는 사람들의 인터뷰가 이어졌다. 집이 떠내려가고, 마을이 붕괴되고, 모든 재산을 잃은 상태. 그래도 그들은 말했다. "목숨만 건져도 다행입니다. 재산은 어쩔 수 없지요."

나는 약 10년 동안의 일본 생활에서 많은 자연 재해를 목격했지만, 재해민들의 반응은 늘 침착하고 이성적이다. 하지만 하루아침에 생활 기반이 사라졌는데도 "어쩔 수 없지요"라는 한마디로 정리하는 그들의 모습이 아직도 이해가 되지 않는다. 이번 수해 때도 집에 중요한 물건을 가지러 가겠다고 한 후 연락두절 된 한 남자의 아내가 밤새도록 묵묵히 재해민들을 위해 자원봉사하는 모습을 봤다. "자신이 할 수 있는 일을 하며 기다리는 수밖에 없다"고 말하는 그녀의 말에 나는 '어떻게 저렇게 이성적일 수 있을까?' 생각하며 고개를 저었다. 대피소 어디에도 울음소리나 시끄럽게 떠드는 소리가 들리지 않았다. 아이들도 많이 있었건만 소란 피우는 소리는 하나도 들리지 않았다.

이런 일본인의 침착함에 대해 나는 여러 명의 일본인에게 의견을 물었다. 대부분의 사람들은 자연 재해니까 어쩔 수 없다는 데 동의했다. 그리고 자연 재해가 많은 나라에 살고 있으니 어느 정도 늘 각오를 해야 하고, 만약 재해를 당하더라도 그건 어쩔 수 없는 일이라고 했다. 마음속으로는 분명 억울하고 속상하지만, 울고 소리쳐봤자 아무것도 변하는 게 없고, 주변 사람들에게 폐만 끼칠 뿐이라고 했다.

내가 아는 한 일본인은 입버릇처럼 이렇게 말했다.

"아이한테 코를 곤다는 지적을 받았을 때, 큰 충격이었어요. 만약 지진이 나서 대피소 생활을 하게 되면 얼마나 시끄러울까? 다른 사람들에게 폐를 끼칠 것 같아서 고쳐야겠다고 생각했어요."

평범한 일상 생활을 하면서도 언제 재해를 입을지 모른다는 생각을 하고 있다는 것도 놀라웠지만, 무엇보다 다른 사람한테 피해를 줄까 봐 걱정한다는 게 더 놀라웠다.

<u>일본 엄마는 아이가 아주 어릴 때부터 입버릇처럼 "다른 사람에게 피해가 되니 조용히 하라"고 가르친다.</u> 같이 장을 보러 갈 때도 밖에 놀러 갈 때도 귀에 딱지가 앉도록 듣는 말 역시 "남에게 폐를 끼치면 안 된다"는 것이다. 즉 메이와쿠 정신이 일본 사회뿐만 아니라 일반 가정에서도 뿌리 깊게 자리 잡고 있다.

아마 그래서 대피소에 있는 아이들도 조용히 그 상황을 받아들일 수 있는 것 같다. 갑자기 집이 없어지고, 장난감이 없어지고, 내 방이 사라졌지

만 여러 명이 같이 있는 장소에서는 울거나 떼를 쓰지 않는다는 생각이 이미 형성되어 있는 것이다. 다른 사람 앞에서는 감정을 그대로 드러내지 않는 일본인의 특성도 이런 교육에서 비롯된 듯하다.

'일본'하면 떠오르는 것이 '마스크 문화'인데, 이것도 철저한 민폐 예방 의식에서 나온 것이다. 꽃가루나 황사가 있는 날에는 길거리 사람들의 절반 이상이 마스크를 하고, 한여름은 물론 1년 내내 마스크를 쓰는 사람도 많다. 환절기에 감기가 유행할 때는 예방 차원에서 마스크를 쓰고, 감기 기운이 있거나 몸이 안 좋을 때도 마스크를 먼저 찾는다. 일본 사회에서 마스크를 쓰지 않고 기침을 하거나 재채기를 하는 것은 굉장한 실례이기 때문이다.

아이가 다니는 보육원 선생님들도 종종 마스크를 한 채 아이들을 돌보고, 내가 근무하는 곳은 언어를 배우는 학원인데도 불구하고 학생들이 몸이 안 좋을 때는 마스크를 끼고 수업을 한다. 일본에서는 만 한 살 반부터 쓸 수 있는 아기용 마스크를 판다. 아기라도 전염성 강한 병에 걸렸을 때는 마스크를 하고 병원에 가야 한다. 병원에서 진료 접수를 할 때도 우선 열이 있는지 인플루엔자가 의심되는지 상담한 후, 일반 대기실과 격리된 곳에서 기다려야 한다.

전염병에 굉장히 민감하게 대응하는 것도 일본의 특징이다. 인플루엔자에 걸리면 직장인도 기본 3일 이상은 회사를 쉬어야 한다. 회사 입장에서는 아쉬울 수도 있으나 다른 직원들의 건강을 위해서라도 쉬는 게 당연하다고 생각한다. 유치원이나 학교 등에서도 인플루엔자 등 전염병 환자가 발생하거나 확산 기미가 보이면, 바로 학급을 폐쇄하거나 휴교령을 내린다. 아무리 아이의 상태가 좋아졌어도 병원을 한 번 더 방문해 다 나았다는 증명서를 받아와야 학교로 돌아갈 수 있다.

일본 사람들은 집 안에서는 자유롭게 지내더라도 일단 밖에 나가면 다른 사람의 눈을 의식해 최대한 피해를 주지 않고, 또 받지 않도록 행동한다. 자기가 피해를 받는 것도 싫어하기 때문에 전철이나 버스 안에서 큰 소리로 전화 통화하는 사람을 보면 즉시 주의를 주는 경우도 많다.

이런 것을 보고 자란 아이들은 어렸을 때부터 공공장소에서의 매너를 배운다. 일본의 공공질서는 이렇게 대대로 이어지는 교육에서 비롯된 것이다.

옛날부터 얼마나 많은 부모들이 이런 말을 반복해왔는가.
"나는 결국 실패했다. 그러나 이 아이만은 성공시키지 않으면 안 된다."

-아쿠타가와 류노스케(芥川龍之介, 소설가)

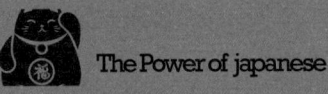

4부
아시아 최대 노벨상 배출국, 일본 교육의 힘

......

지난 30여 년 이상 일본을 대표하는 도쿄대학교에 가장 많은 합격자를 배출한 명문 중고등학교인 가이세이 학원에는 50여 개의 동아리와 19개의 동호회가 존재하고 학생 대부분이 가입해 있다. 중학교와 고등학교가 같이 있는 이 학교 학생들은 선배로부터 동아리 조직에 대해 배우고 직접 운영하며 커뮤니티를 만든다. 동아리 활동에 열심이지만 졸업생 중 절반 정도는 도쿄대에 입학한다. 그 때문에 일본에서는 엘리트일수록 취미가 다양하고 지식이 풍부하다는 이미지가 있다.

빨리 어른이 되는
일본 아이들
21

　신문사에서 근무하던 무렵 아직 대학에 재학 중이던 일본인 남자 사진기자가 있었다. 만 22세 정도였는데 이미 신문사 이곳저곳에 프리랜서 카메라맨으로 활동했고, 한국인 기자들이 일본인 인터뷰나 취재거리를 부탁해도 넓은 SNS 인맥을 활용해 늘 성사시켜주었다. 돈을 모으면 새로운 장비를 사서 더 좋은 사진을 추구했고, 그사이 대학도 졸업했다. 전공과는 다른 길이었지만 그의 목표는 명확했고, 그것을 향해 한 발짝씩 나아가고 있었다.

　사실 그는 늦둥이에 귀한 외동아들이어서 부모님이 많은 지원을 해주었다. 그렇지만 대학 졸업, 대기업 취직이라는 안정적인 길을 걷지 않고 자기가 하고 싶은 일을 하겠다며 경쟁의 세계로 뛰어들었다.

　물론 프리랜서의 길은 잘 알려졌다시피 치열한 가시밭길이다. 수천 장의 사진을 버릴 때가 허다하고, 수백만 원을 호가하는 장비들을 계속 업그

레이드해야 한다. 나이도 어리고 사진 기술도 부족한 그는 선배 기자들에게 혼이 날 때도 많았다. 하지만 성실함만큼은 누구나 인정했다. 중요한 행사가 있으면 그 전날 밤부터 현장에서 밤을 새며 자리를 맡아 가장 좋은 사진을 찍어왔다. 처음엔 경험이 없어 좋은 사진을 찍어도 제값에 팔지 못했으나, 몇 년이 지난 후에는 능숙하게 원하는 금액을 제시했다.

나는 그보다 선배이고 나이 또한 많았지만 밤을 새는 열정도 없었고, 더 높은 곳을 바라보는 향상심도 없었다. 나는 이상과 현실을 구별할 줄 아는 어른이었으며 내 일을 좋아했지만, 일은 일일 뿐이라며 선을 긋고 있었던 것 같다. 그래서 항상 열정 넘치는 그를 보고 '저러다 쓰러지면 어쩌지' 하며 걱정하는 한편 '이른 나이에 어쩌면 저렇게 빨리 철이 들었을까' 하는 생각이 들기도 했다.

그런데 생각해보면 그가 특별한 사람은 아니었다. 학생 때 아르바이트를 하며 만난 일본 애들 중에는 고등학교를 졸업하고 바로 일자리로 뛰어든 친구도 있고, 대학생도 있었다. 하지만 그들 모두의 공통점은 스스로의 힘으로 살아가는 데 열심이었다는 것이다. 비록 비전이 없고 하고 싶은 일을 찾지 못해 아르바이트를 전전하더라도 스스로 번 돈으로 원룸을 빌리고, 집 안을 자기 스타일로 꾸미고, 자기 인생을 살아나갔다.

내 룸메이트였던 와세다 대학생은 과외 같은 고급 아르바이트도 했지만, 생활비를 벌기 위해 방학에는 공장에 나가기도 했다. 일류대생이 공장 아르바이트라니 처음에는 믿을 수 없었지만, 일본 분위기를 알게 되면서 차츰 그녀를 이해할 수 있었다.

앞에서도 소개했지만 일본에서는 아기 때부터 자립심을 중점적으로 교육한다. 자기 주변의 일은 모두 자기가 알아서 하도록 하는 교육을 받고 자란 아이들은 경제적인 독립에도 빨리 눈을 뜬다. 그래서 고등학교 때 아르바이트를 경험하거나 대학생이 되면 집을 나와 자취하는 경우가 많다.

베넷세 교육종합연구소(ベネッセ教育総合研究所)의 2008년 조사에 따르면 대학생 중 40퍼센트 정도는 혼자 살고, 국립대학에 진학한 학생 중 60퍼센트 정도가 자취를 한다. 혼자 살면서 부모님의 도움을 받는 경우도 많지만, 많은 학생이 아르바이트를 하며 생활비를 마련한다. 일류 대학교 학생이라도 시간만 맞으면 식당이나 공장 일을 마다하지 않고 부끄러워하지도 않는다.

일본은 중학교와 고등학교도 시험을 쳐서 수준별로 입학하는데, 이것도 일본 아이들을 성숙하게 만드는 이유 중 하나일 것이다. 공부할 아이들은 일찌감치 중학교부터 진학 전문으로 들어가고, 그렇지 않은 학생들은 적당한 중학교를 찾아 졸업한다. 그리고 고등학교에 진학한 후부터는 진로에 대해 어느 정도 결단을 내려야 한다.

일본 문부과학성 발표에 따르면 일본 학생들이 고등학교에 진학하는 비율은 97퍼센트 정도이고, 그중 4년제 대학 진학이 목표인 학생은 50~60퍼센트 정도이다. 일본 고등학교는 진학을 목표로 하는 학교와 취업을 목표로 하는 학교가 확실히 나뉘어 있다. 그리고 고등학교 때부터 특화된 교육, 예를 들면 미술이나 음악, 항공이나 철도 같은 특수 분야의 학교도 많이 있어 일찌감치 미래를 결정하고 진학하는 학생이 적지 않다.

부모들도 아이의 의견을 존중해 주는 편이어서 아이 스스로 초등학교 고학년이 되면 수험을 시작하거나 진로를 고민하다 보니 좀 더 빨리 사회에 눈을 뜬다.

일본에서는 자녀가 집에서 나와 살거나 경제적으로 독립하면 부모는 부모, 자식은 자식대로 각자의 삶을 살아간다. 부모도 자녀에게 기대지 않고, 자녀 역시 부모를 반드시 부양해야 한다고 생각하지 않는다.

한국 사람의 눈으로 보면 1년에 한 번 부모님을 찾아가거나 전화조차 가끔 하는 일본 가족이 냉정한 것 같지만, 이런 독립성이 자녀를 책임감 있고 성숙한 사람으로 만드는 것 같다.

학창 시절의 절반은
클럽 활동인 일본 아이들
22

　내가 처음 일본에 와서 제일 부럽다고 느낀 점은 노인들이 세련됐고 여유 있는 생활을 즐기는 것과 누구나 하나씩 취미를 가지고 있다는 점이었다. 학생 시절, 나는 잠깐 일본의 패밀리 레스토랑에서 아르바이트를 한 적이 있는데, 아침 7시부터 점심시간 전까지 일을 했다.

　일본의 패밀리 레스토랑은 아침, 점심, 저녁, 밤까지 영업시간이 길고 아이부터 노인까지 모든 세대가 즐길 수 있는 다양한 메뉴를 갖춘 넓은 식당을 말한다. 난 학교 수업 때문에 새벽에 가게로 나가 간단한 청소 및 오픈 준비를 하고 손님을 맞이했다.

　내가 그날의 메뉴를 내놓을 즈음이면 이미 노인분들이 한두 명씩 레스토랑으로 향해 7시 개장과 동시에 열 명 이상의 손님이 자리를 메웠다. 할아버지 할머니는 혼자 혹은 부부 혹은 친구끼리 왔는데 모닝 빵 세트를 주문하고 커피를 한 잔 마시면서 아침을 시작했다. 평일에 클래식이 흐르는 패밀리 레스토랑에서 조식을 즐기고 신문이나 관심 있는 책을 읽는 사람들, 부부가 사이 좋게 식사하며 이야기를 나누는 모습은 10년이 지난 지금도 선명히 기억하고 있을 만큼 인상적이었다. 노년의 여유란 이런 것이구나, 나도 나이 들어서 이런 여유를 부리며 살 수 있을까. 이런 생각을 하기도 했다.

그리고 또 하나 부러웠던 것이 일본 텔레비전에 나오는 개그맨들이 참 똑똑하다는 것이다. 개그를 할 때는 바보 같아 보여도 하나씩 특기를 가지고 있었기 때문이다. 이를테면 그림을 잘 그리거나 악기를 잘 다루거나 스포츠 능력이 뛰어났다. 개그만 하는 것이 아니라 자신만이 특기를 살려 웃음을 만들고 진지한 다른 면을 보여주기도 했다. 나는 텔레비전을 보면서 어쩌면 이렇게 다재다능한 사람이 많을까 싶었다.

그런데 많은 사람들 중학교, 고등학교 때부터 갖가지 동아리 활동을 해왔고, 그것을 기반으로 다양한 재능을 꽃 피울 수 있다는 사실을 알았다.

텔레비전에 나오는 탤런트뿐만이 아니다. 일본 사람들은 대부분 학창 시절의 가장 좋은 추억으로 '부카쓰(部活)'라는 동아리 활동을 손꼽는다. 학생 때 내 룸메이트는 와세다 대학의 학생이었는데 대학 안에서도 경쟁률이 센 문학부 엘리트였다. 공부밖에 모르는 것 같은 친구였는데, 어느 날 홈 파티에서 갑자기 클라리넷을 꺼내 연주하기 시작했다. 평소의 그녀 이미지로는 상상할 수 없는 모습이었다. 감탄하며 언제 클라리넷까지 배웠느냐고 물었더니, 고등학교 때 연주부 활동을 했는데, 그때 부모님이 거금을 들여 사주었다고 했다. 입시 준비로 한창 바쁜 고등학교 때 악기를 배우고, 발표회에 나가고, 부모님은 그것을 응원하며 악기까지 사주다니 정말 대단하다는 생각이 들었다. 더욱이 공부만 하지 않고도 와세다 대학에 합격한 그녀가 존경스럽기까지 했다.

그렇지만 그녀는 특별한 경우가 아니었다. 내가 아는 대부분의 일본 사람들은 학창 시절의 가장 좋은 추억으로 동아리 활동을 꼽았고, 그것이 입시에 어떤 지장을 미쳤다고 생각하지 않았다. 오히려 동아리 활동에 몰두할수록 공부도 열심히 할 수 있었다고 말했다.

실제 지난 30여 년 이상 일본을 대표하는 도쿄대학교에 가장 많은 합격자를 배출한 명문 중고등학교인 가이세이(開城) 학원에는 50여 개의 동아리와 19개의 동호회가 존재하고 학생 대부분이 가입해 있다. 중학교와 고등학교가 같이 있는 이 학교 학생들은 선배로부터 동아리 조직에 대해 배우고 직접 운영하며 커뮤니티를 만든다. 스포츠 분야에서는 다른 학교에 비해 밀리지만 야구에서 도쿄 16강에 들어가기도 했고 국제수학올림픽, 일본 전통 문학, 퀴즈 대회를 석권하기도 한다. 동아리 활동에 열심이지만 졸업생 중 절반 정도는 도쿄대에 입학한다. 그 때문에 일본에서는 엘리트일수록 취미가 다양하고 지식이 풍부하다는 이미지가 있다.

중고등학교에 존재하는 동아리는 일본을 대표하는 스포츠인 야구, 축구, 유도, 검도 등이 있고 악기 연주나 미술, 사진, 연구 활동 등 분야가 다양하다. 남학생들에게는 역시 축구나 야구 같은 팀 스포츠가 가장 인기이지만, 여학생이라고 해서 정적인 활동만 하는 것은 아니다. 테니스, 소프트볼, 농구 등을 중고등학교 6년 내내 하는 경우도 많다. 동아리에 따라 연습하는 시간은 조금씩 다르다. 하지만 아침 또는 방과 후에 연습을 하고 시합이나 발표회를 앞두고는 주말과 방학 내내 학교에 가서 연습에 몰두하는 학생이 대부분이다.

베넷세 교육종합연구소의 2008년 초중고등학교 학생 생활 조사에 따르면, 중학교 1~2학년 학생의 90퍼센트가 동아리 활동을 하며, 고등학교의 경우는 1학년 70퍼센트 이상, 2학년 60퍼센트 이상인 것으로 나타났다. 또한 동아리 활동에 소비하는 시간은 1일 평균 중학생 100분, 고등학생 120분 정도로 오히려 고등학생이 동아리 활동에 많은 시간을 할애했다.

한국이라면 방과 후 자율학습을 하거나 각자 입시 학원에 다니느라 바쁜 시간에 일본 학생들은 체력을 기르고 악기와 씨름한다. 감수성이 가장 민감하고 체력이 한창일 때 공부가 아닌 다른 취미 활동으로 인생의 가장 아름답고 빛나는 시간을 만들고 있는 것이다.

이런 습관은 어른이 되어서도 반드시 취미를 가지고, 노인이 되어서도 여유를 즐길 수 있는 밑거름이 된다. 다양한 방면에서 세계적으로 활동하는 일본인들을 볼 때마다 나는 그 모든 게 어릴 때부터 받아온 다양한 자극 덕분이 아닐까 생각한다.

아이 학교에 따라 달라지는
일본 엄마의 옷
23

    일본어학교 학생 때 친했던 언니와 7년 만에 만났다. 새하얀 얼굴에 날씬한, 미야자와 리에(宮沢りえ)를 닮았던 언니는 학교 때부터 남학생들의 선망의 대상이자 '한국 여자는 예쁘다'는 외국인들의 이미지에 부합하는 대표 미인이었다. 그때 언니는 천진난만하고 밝은 성격에 늘 캐주얼한 옷을 입고 귀여운 당고 머리를 하고 있었다. 졸업과 동시에 일본 남자와 결혼했고, 그 후 귀여운 딸을 낳았다는 소식을 들었다. 서로 가끔 연락하며 '만나자, 만나자' 했지만 미루고 미루다 7년 만에 드디어 만난 것이다.

    멀리서 걸어오는 언니는 여전히 새하얀 얼굴에 예뻤지만 분위기가 달랐다. 단정한 단발머리, 곤색 카디건에 검정색 스커트, 하얀색 가방을 들고 있었다. 화장기도 거의 없는 말끔한 얼굴. 멀리서 보면 군더더기 없이 깔끔하고 품위 있는, 그림 속의 일본 사모님 같았다. 반가워서 손을 부여잡고 "이게 얼마 만이야" 하며 서로 한참 웃으며 이야기를 나눴다. 언니는 그동안 세 아이의 엄마가 되었고, 아이들은 모두 일본 교육을 받고 있었다. 당연히 언니도 일본 학부형 스타일이 되어 있었다.

일본에서는 엄마 패션에도 조금씩 차이가 있다. 직장맘이라면 셔츠나 바지 같은 오피스룩을 입고, 전업주부의 경우는 편한 캐주얼을 선호하고, 명문 사립학교 학부형들은 무채색에 심플한 세미 정장 스타일을 즐겨 입는다. 보통 명문 사립학교 학생들은 유복한 가정에서 자란 아이들이지만 학부형은 어느 브랜드인지 한눈에 알 수 없는 옷차림을 선호한다. 눈에 띄게 화려하거나 유행을 따르는 옷차림을 하지 않고 딱 봐도 어느 브랜드인지 알 수 있는 로고 가방을 들지 않는다.

일본 백화점에 가면 그런 학부형을 위해 무채색으로만 구성한 브랜드가 입점해 있고, 아이들은 어렸을 때부터 흰색, 남색, 검정색 등의 깔끔한 정장 스타일 옷을 즐겨 입는다. 아무리 그래도 나는 캐주얼을 잘 입던 언니의 스타일이 완전히 변한 게 믿기지 않아서 몇 번이나 다시 바라보았다.

언니는 웃으며 말했다.

"지금은 옷장에 남색, 검정색밖에 없어. 우리 애들은 내가 다른 색깔 옷을 입으면 이상하다고 그래."

언니의 딸들은 일본에서 손꼽히는 명문 사립학교에 다녔다. 평일에는 늘 아이들의 학교나 학원에 들러야 하기 때문에 언제나 깔끔한 학부형 스타일을 유지한다고 했다.

일본은 때와 장소와 상황에 맞는 옷차림이 반드시 필요하다. 성인이 되면 후리소데(振袖)라는, 성인식에 입고 갈 기모노를 준비하고 관혼상제에 입고 갈 검정색 정장도 구입한다.

대학생이 되면 리크루트 슈트라는 회사 면접복용 양복을 구입한다. 리크루트 슈트는 면접 당일뿐만 아니라 회사 설명회 및 각종 행사에도 입어야 하기 때문에 일찍부터 준비하는 사람이 많다. 면접복은 남녀 모두 심플한 흰색 셔츠에 검정색 정장으로 정해져 있고, 서류 가방과 구두까지 검정색으로 통일한다. 여자들은 치마 정장을 입어야 하는데 스타킹 색깔도 정해져 있을 정도다.

나는 처음에 똑같은 검정색 정장을 입은 일본 젊은이들을 보고 왜 그렇게 촌스럽게 하고 다닐까 의아했다. 아무리 면접복이라 하더라도 더 세련된 복장을 할 수 있고 스타일이나 센스가 필요한 회사도 있을 텐데 똑같은 복장으로 면접에 임하는 걸 이해할 수 없었다.

하지만 이렇게 통일된 복장이 면접관에게 겉모습에 크게 좌우되지 않고 공정하게 인재를 가려낼 수 있도록 도와준다는 것을 나중에 들었다. 그리고 지원자 입장에서 보면 괜히 혼자 튀는 복장을 해서 감점이 되지 않을까 우려하기 때문에 대세를 따른다는 것도 알았다.

시대의 흐름과 회사 분위기상 의복에 구애받지 않고 면접에 임하라는 회사도 많지만, 전통 및 타인과의 조화를 중시하는 일본인의 특성상 검정색의 촌스러운 면접복은 여전히 통용되고 있다.

장례식 조문객 복장도 정해져 있다. 남자는 검정색 양복에 검정색 넥타이, 여자는 검정색 원피스나 투피스에 살짝 비치는 검정색 스타킹을 신어야 한다. 또한 여자는 로고나 광택 없는 작은 검정색 가방을 들고, 결혼반지 외에는 액세서리를 하지 않는 것이 예의다.

하지만 요즘은 장례식 때 진주 귀걸이나 목걸이를 하는 사람이 많다. 특히 진주는 거의 장례식 필수 아이템으로 자리 잡고 있는 추세다. 나는 아직 일본식 장례식에는 가 본 적이 없지만 보통 가족이나 친지가 소리를 높여 우는 경우가 거의 없다고 한다.

장례식은 손님들이 돌아가신 분과 마지막 인사를 나누는 장소이므로 폐가 되지 않게 소리를 죽인다는 것이었다. 손님들이 다 돌아간 후 혼자 있을 때나 가족끼리는 슬퍼해도 된다는 말을 듣고 놀랐다.

내 지인인 일본인은 고등학교 때까지 지방에 살다가 학업 때문에 도쿄로 올라왔는데 대학생이 되자마자 구입한 것이 상복이라고 했다. 언제 어떤 일이 생길지 모르고 어엿한 사회인으로서 옷장 안에 꼭 갖춰놓아야 할 복장이기 때문이다.

그런데 그 친구가 대학교 2학년 때 갑자기 할머니가 돌아가셨다. 친구는 준비해놓은 상복을 입고 고향에 내려갔다. 아무 준비도 하지 않았더라면 슬퍼할 시간도 없이 복장을 준비하느라 허둥댔을 것이다. 서른이 훌쩍 넘은 아직까지도 제대로 된 관혼상제 예복을 갖추고 있지 않은 나는 그 친구의 이야기를 듣고 일본인의 철저한 준비성에 또 한 번 감탄했다.

결혼식 하객 복장도 스타일이 정해져 있고 그 안에서 개성을 살린다. 남자는 비즈니스용 정장이 아닌 회색이나 남색 등 밝고 광택감 있는 소재의 양복에 흰색이나 은색, 혹은 파스텔 컬러의 넥타이를 맨다. 여자는 화려한 드레스를 입는 것이 특징이다. 상하의가 통일된 흰색이나 검정색을 제외한 밝은 드레스에 어깨를 살짝 감추는 숄을 걸치고 파티 가방을 드는 것이 기본이다.

일본 결혼식은 초대한 사람들에게 각자 좌석을 배정하고 코스 요리를 대접하며 답례품을 선물하기 때문에 많은 사람을 초대하지 않는다. 초대 받은 사람 또한 최소 2만 엔 이상의 축의금을 내야 하고, 그 분위기에 맞게 최대한 품격 있는 파티 복장을 해야 한다. 그래서 여자들은 미용실에서 머리를 하고 비싼 드레스를 구입하거나 빌려 입는 경우도 많다.

이렇게 때와 장소에 맞는 옷차림이 중요한 일본에서는 아이 행사에도 정장을 입는 부모가 많다. 내가 이제까지 경험한 것은 보육원 면접과 입원식, 어머니회뿐이지만 학교 입학식이나 수업 참관일, 졸업식 등에도 일본 부모들은 정장을 갖춰 입는다. 행사에 따라 매너 있는 옷차림도 조금씩 다른데 보통 입학식은 축하하는 자리이므로 부모도 화사한 색상을 선호하고, 졸업식은 선생님에 대한 존경과 아이가 주인공이 되도록 엄숙한 느낌의 어두운 계통을 입는 것이 매너라고 여긴다.

일본의 대형 쇼핑몰인 이토요카도(イトーヨーカ堂) 조사에 따르면 2013년 입학식에서 어머니들의 69퍼센트는 치마 정장을 입었으며, 원피스보다는 투피스 정장을 선호했다. 색상은 흰색이 17퍼센트로 가장 많았고 이어 베이지색, 회색 등의 밝은 색상을 선호하는 것으로 나타났다.

외국인인 내가 일본 사회에서 생활한다는 것은, 이런 눈에 보이지 않는 많은 기본 예절 및 매너와의 싸움이다. 처음에는 일본 사회의 문턱이 너무 높게 느껴졌지만 아이를 낳아 키우며 조금씩 그들의 규칙을 몸으로 익히게 되었다.

일본을 20여 년간 오가며 두 아이를 키운 내 선배는 이렇게 말했다.

"보통 한국 사람들은 일본 사람들이 차갑고 겉과 속이 다르다고 하지만 사실은 그렇지도 않아. 그저 기본이라고 생각하는 것, 매너나 예의라고 생각하는 기준이 좀 높을 뿐이지. 예의를 지키고 다가간다면 더없이 따뜻한 사람들이야."

나는 아직 내공이 부족해서 잘 모르겠지만, 어쩌면 그럴 수도 있겠다는 생각이 든다.

급이 다른 명문 학교의 물 관리
24

요즘 일본에서는 아이돌이 뉴스 캐스터가 되는 경우가 많다. 국민들의 알 권리를 충족시켜주는 보도 프로그램에 춤추고 노래하는 아이돌을 기용하는 것에 대해 찬반 여론이 뜨겁지만 우후죽순으로 생기는 것을 보면 시청률이 잘 나온다는 뜻이다.

특히 한국으로 치면 9시 뉴스 같은 간판 보도 프로그램의 메인 캐스터를 맡고 있는 국민 아이돌 '아라시'의 사쿠라이 쇼는 아이돌 뉴스 캐스터의 선구자다. 일본 명문 대학 게이오 대학 경제학부를 졸업한 엘리트 이미지가 신뢰감을 주기 때문이다.

사쿠라이 쇼가 명문 학교를 졸업한 것을 두고 인기 많은 아이돌이니까 적당히 봐줬다라든지, 부속 초등학교부터 다녀서 큰 어려움 없이 대학까지 올라갔을 거라고 생각하는 사람도 많다. 하지만 그가 성실히 공부했으며 쉽게 들어가거나 쉽게 졸업할 수 없는 경제학부를 휴학도 없이 4년 만에 졸업했다는 것에 대해서는 모두 인정한다. 명문 집안에서 태어나 부속 초등학교에 들어가고 그대로 대학교까지 프리 패스한 그야말로 일본 대표 엄친남이고, 그에 대한 시청자들의 시선은 부러움과 시기와 감탄이 뒤섞여 있다.

일본은 교육 선택의 폭이 넓은 나라고 철저히 서열화되어 있다. 부모의 관심과 아이의 특성에 따라 일찌감치 진로를 결정하는데 공립, 사립에 따라 교육열이 전혀 다르다. 학교 분위기나 학생 스타일이 다르며 학교 간 레벨차도 크다. 사립 초등학교의 경우 와세다나 게이오 등 유명 사립대학 부속학교가 인기인데 초등학교만 잘 들어가도 대학 입시에서 유리한 출발선에 설 수 있다. 대학 입학 정원 중 일부 혹은 절반 이상을 부속학교에서만 받기 때문이다. 부속 고등학교에 다니는 학생은 학교 내 규칙을 준수하고 일정한 성적을 낼 경우 입시 시험을 치르지 않고 부속 대학교로 올라갈 수 있다.

이런 제도를 일본에서는 내부 진학 혹은 에스컬레이터 진학이라고 하는데, 첫 계단을 잘 오르면 알아서 대학교까지 올라간다는 의미다. 앞서 소개한 인기 아이돌도 이런 내부 진학으로 명문 대학에 들어갔다. 그래서 대학 입시 전쟁을 치르고 입학하는 학생들은 "부잣집 아이들만 좋은 대학에 쉽게 들어가는 제도"라며 비난하기도 하지만, 명문 학교의 수업 강도나 내부 시험은 대학 입시에 필적한다고 알려졌기 때문에 그들이 실력 없이 좋은 대학에 들어갔다고 비난할 수만은 없다.

이렇게 미래가 보장된 유명 사립 초등학교의 학비는 연간 300만 원부터 1000만 원 이상에 이른다. 학비 및 교과서까지 무료인 공립학교에 비하면 입이 떡 벌어지는 금액이다. 물론 수업료가 비싼 만큼 교육열도 높아서 영어나 정규 과정 외에 특화된 수업이 알차다. 그리고 전국적으로 스포츠나 예체능 클럽 활동으로 유명한 명문이 많다. 또한 일부 사립학교는 학년 전에 정규 과정을 미리 끝내고, 남은 시간에 수험 준비를 하는 등 좋은 대학에 들어가기 위해 최대한의 배려를 해주는 것도 특징이다.

명문이라 일컫는 국립 초등학교의 개수는 적지만 사립과 공립의 중간 정도의 학비, 즉 연간 약 200만~400만 원을 내고 높은 수준의 교육을 받는다. 게다가 사립과 마찬가지로 중고등학교, 대학교까지 연계되어 있어 명문대 입학에 한 발 앞설 수 있다. 도쿄에는 오차노미즈 여자대학 부속초등학교나 쓰쿠바 대학 부속초등학교 등이 있는데, 이런 국립학교는 정부의 관리와 지원을 받아 많은 고위 관리를 배출하고 전통 있는 좋은 집안 자녀들이 다니는 것으로 유명하다.

인기 국립 초등학교는 90대 1에 육박할 정도로 경쟁률이 높으며 시험과 면접을 통과한 후에도 추첨을 통해 입학이 결정된다. 그렇지만 재미있는 것은 돈 많은 사람들이 가는 학교라는 이미지가 있는 명문 국립 또는 사립 부속 초등학교라도 부모가 좋은 직업을 가지고 있고 돈이 많다고 해서 누구나 들어갈 수 있는 것도 아니라는 점이다. 명문에는 격에 맞는 아이들이 다녀야 하기 때문에 아이의 면접과 시험은 물론 부모의 면접과 시험도 치른다. 그래서 명문 학교에 보내고 싶은 엄마들은 아이가 태어나자마자 곧 수험 준비를 시작한다.

명문 초등학교에 들어가려면 우선 병설 유치원에 보내는 것이 좋다. 병설 유치원 졸업생 대부분이 그대로 초등학교로 올라갈 수 있기 때문이다.

그러므로 진정한 일본 수험생은 유치원에 들어가기 전부터 시작된다고 할 수 있다. 일본 유치원은 만 3세부터 들어간다. 만 3세면 겨우 기저귀를 떼고, 자기 의견을 조금씩 말할 수 있고, 스스로 옷을 입거나 신발을 신는 시기다.

하지만 아이를 엘리트로 키우고 싶은 엄마들은 만 3세 이전에 사설 학원인 유아 교실에 다니기 시작한다. 유아 교실은 0세부터 놀이를 통해 아이의 뇌를 자극하고 음감 등을 발달시키는 등 조기 영재 교육을 시키는 학원이다. 만 2세 유치원 수험 전에는 유아 교실에서 대책반을 운영해 아이는 물론 부모가 면접 때 어떤 옷을 입어야 하고 챙겨갈 준비물은 무엇인지 조언한다. 예상 질문을 통해 면접 연습을 하기도 한다. 유치원, 사립학교, 국립학교에 들어가려면 기본 예절 교육은 필수 중의 필수다.

예를 들면 면접 시 자기가 신을 슬리퍼는 반드시 챙겨가야 한다든지, 아이 주머니에 반드시 손수건을 넣어 화장실을 다녀온 후에는 깔끔하게 손을 닦게 한다든지 하는 것이다. 만 3세 아이라도 어른이 물어보는 말에 또박또박 정확히 대답하고, 상황에 맞는 인사를 할 줄 알아야 한다. 기본인 것 같아도 언제 떼를 쓰고 울어버릴지 모르는 만 3세에게는 절대 쉬운 수준이 아니다.

그래서 평소의 생활 습관이나 가정교육이 당락의 열쇠를 쥐고 있다고 볼 수 있다. 집에서 이런 교육이 덜 된 경우에는 유아 교실을 다니며 아이의 생활 습관을 잡아주고, 어머니도 면접에 대비해 몸과 마음가짐을 정돈해야 한다.

내 지인의 아이는 사립 명문 유치원을 거쳐 초등학교에 들어갔는데, 그들 역시 유아 교실을 다니며 면접을 준비했다. 그녀는 한국인 엄마가 아이를 일본 명문에 보내기 위해서는 사전 지식이 많이 필요하므로 유아 교실은 필수불가결한 요소라고 말했다. 한때 유아 교실에 대해서는 이상한 소문이 무성했다. 이를 테면 수업료를 알아서 가져오라는 소문, 가정 형편을 짐작해 학교를 추천해준다는 소문, 벼락부자나 회사원 가정은 무시한다는 소문 등도 있었다.

하지만 실제로는 학원비가 정해져 있다. 다만 학원에 따라 천차만별이어서 한 달에 100만 원에 달하는 곳이 있는가 하면 30만 원 정도 하는 학원도 있다. 그리고 학교마다 이념과 특징이 있기 때문에 보호자와 아이에게 어울리는 학교를 추천해주기도 한다.

<u>유치원에서는 보통 아이와 부모가 따로 면접을 보는데 아이에게는 처음 보는 선생님 앞에서도 기본 인사와 대화가 가능한지, 어머니와 떨어져도 분리 불안을 느끼지 않는지, 스스로 화장실에 갈 수 있는지, 혼자서 옷을 입을 수 있는지 등 기본 생활과 기초 교육에 대한 질문을 한다. 또 부모 면접에서는 왜 그 유치원에 보내려 하는지, 어떤 아이로 키우고 싶은지, 유치원 행사 등에 적극적으로 참여할 수 있는지 등의 질문을 한다.</u>

사립 및 명문 유치원일수록 부모의 적극적인 참여가 중요해서 급식이 아니라 매일 아침 도시락을 싸서 보내는 것은 물론, 1년에도 몇 차례 학부모회에 참가해야 한다. 그 때문에 맞벌이 어머니는 드물고, 풀타임 정규직으로 근무하는 어머니는 더욱 드물다. 경제적으로도 시간적으로도 여유가 있어야 좋은 유치원에 보낼 수 있다.

유치원비는 비싸면서 오후 2시까지밖에 안 봐주고, 급식도 안 나오고,

부모의 참여가 적극 필요한 점 등 어린이집과 비교해 번거로운 점투성이임에도 불구하고 일본인들이 명문 유치원을 선호하는 것은 역시 까다롭게 들어간 만큼 선생님의 수준이 보장되고 아이들의 수준이 믿을 만하고 아이들의 미래가 보장되기 때문이다.

누구나 뽑힐 수 있는 완전 추첨 제도가 아니라 면접과 시험이 추가되다 보니, 아이들의 수준도 부모의 수준도 어느 정도 가려진다. 또한 자녀 교육에 관심이 있고, 적극적인 가정이라는 것도 거의 보장된다. 아이들의 이해력도 어느 정도 보장되니 학습을 시키기에 편하고, 집단생활에도 문제가 없다. 아울러 선생님들은 학부모에게 휘둘리지 않고 상식적인 선에서 관계를 유지할 수 있다는 장점이 있다.

어렸을 때부터 좋은 친구를 사귀고 좋은 영향을 받기를 바라는 것은 어느 나라 부모나 마찬가지겠지만 일본은 특히 '물' 관리를 중요하게 생각하는 것 같다.

하지만 모든 일본인이 이렇게 수험에 열심이고 경쟁적인 것은 아니다. 오히려 소수에 가깝다. 일본의 보통 맞벌이 부부는 아이를 믿고 맡기며 안정적으로 일할 수 있는 보육원을 선호한다. 유치원 중에서도 정부 인정 유치원은 일하는 엄마들을 위해 급식을 실시하고 저녁 7시까지 보육을 한다. 아울러 아픈 아이를 대신 봐주는 교실을 따로 운영하는 등의 서비스를 실시하고 있어 인기가 높다.

또한 일반 사립 유치원이라도 각기 프로그램이 다르다. 영어를 중점으로 가르치는 곳도 있고, 수영을 가르치는 곳도 있고, 발레를 가르치는 곳도 있는 등 프로그램에 따라 유치원을 선택하기도 한다. 그렇지만 일반 사립 유치원 역시 도시락 지참이 필수고, 엄마들의 참여를 전제로 한다.

워킹맘에 대한 배려를 많이 하는 일본이지만, 여전히 육아는 엄마의 몫이며 취학 전까지는 엄마의 보살핌과 적극적인 노력이 필요하다고 생각하는 분위기다.

일본 아이들의
생일 초대에도 격식이 있다
25

　우리 아이는 일본에서 곧 세 번째 생일을 맞이한다. 그저께는 보육원에 다니는 같은 반 친구 두 명의 생일 파티가 있었는데, 우리 아이가 "내 생일이야!"라고 소리를 지르며 떼를 썼다고 한다. 만 두 살 때부터 생일 파티를 즐기고 케이크만 보면 자기 생일이라고 우기더니 여전히 모든 축하하는 날에는 자기가 주인공이고 싶은가 보다. 우리 아이가 다니는 구립 보육원은 만 0세부터 5세까지 100명 넘는 아이들을 맡고 있는데, 매달 생일을 맞이한 아이들의 이름이 인쇄된 종이를 나눠준다. 그리고 아이 한 명 한 명의 생일을 챙겨서 특별 급식을 제공해준다.
　우리 아이는 첫 생일 바로 며칠 전 수두라는 엄청난 전염병에 걸리는 바람에 등원 금지 처분을 받고, 특별 급식과 생일 파티를 경험하지 못했다. 그래도 그다음 주에 다시 등원했을 때는 아이의 손도장과 발도장이 찍혀 있고, 전에 찍어두었는지 더벅머리에 촌스럽게 웃고 있는 사진이 한 장 붙은 생일 카드를 선물로 받았다. 비록 첫 생일은 친구들 모두와 함께하지 못했지만, 늦게라도 꼭 챙겨주는 일본 선생님들의 배려에 감동했다.

우리 회사 선배의 아들은 지난 2011년 동일본 대지진 때 한국으로 피신하는 바람에 초등학교 졸업식에 참석할 수 없었다. 그런데 약 한 달 후 돌아왔을 때 학교의 연락을 받고 가 보니 교장 선생님과 담임 선생님이 아이 한 명을 위해 졸업식을 치러줬다. 교장 선생님이 졸업 증서를 건네준 후 "졸업을 축하합니다"라고 한마디 하는데, 선배는 자신도 모르게 눈물이 핑 돌았다고 한다. 아이 한 명, 그것도 일본인이 아닌 외국인을 위해 졸업식을 따로 마련해준 일본 교육에 깊은 감동을 받은 것이다.

나는 아직 이런 감동적인 일을 경험해본 적은 없지만, 보육원 선생님들을 꽤 의지하고 늘 감사하는 마음을 갖고 있다. 외국인인 우리 아이가 다른 행동, 다른 언어를 사용해도 일본 아이들과 똑같이 대해주고 늘 부족한 엄마인 내게는 쉬운 말로 그날 그날의 일과 앞으로의 계획 등을 설명해주기 때문이다. 선생님 중 한 분은 나에게 적극적으로 한국어를 가르쳐달라고 하더니 "좋아", "앉아", "예뻐" 등 한국어로 딸에게 말을 걸어주기도 해 나를 감동하게 했다.

딸의 두 번째 생일에는 드디어 친구들과 보육원에서 파티를 했다. 보육원에서는 아이 보호자에게 그 어떤 금전적 요구도 하지 않기 때문에 케이크나 과자를 사서 들려 보내는 일이 없다. 같은 반 아이들 역시 보육원에서 서로 선물을 주고받을 수 없도록 되어 있다. 어찌 보면 초라한 생일 파티다. 하지만 담임 선생님은 아이에게 파티 모자를 씌워주고, 급식 선생님은 호빵맨 주먹밥이나 동물 모양 주먹밥 등 특별한 급식을 마련한다.

우리 아이의 생일은 유감스럽게도 1년의 마지막 날인 12월 31일. 1년 동안 친구들의 생일 파티만 부러워하다 드디어 연말이 되어 겨우 자기 생일 파티를 맞이한 아이는 뛸 듯이 기뻐했다고 한다. 선생님과 친구들의 생일 축하 노래에 부끄러운 듯 고개를 숙이기도 했지만, 굉장히 들떠 있었다고 선생님께 들었다. 그리고 역시 촌스럽게 찍은 사진이 담긴 커다란 생일 카드를 선물로 받아왔다.

유치원생 정도가 되면 친구를 집에 초대하거나 레스토랑에서 생일 파티를 여는 아이들도 많다. 주변 이야기를 들어보면, 아이 생일 파티를 하는 경우는 적어도 3주 전에 상대방 어머니에게 알려주는 게 예의라고 한다. 유치원생 정도면 다들 주말에 학원 하나는 다니는 데다 가족 여행이나 모임도 많기 때문에 스케줄 조절을 위해서는 3주 정도가 필요하기 때문이다. 엄마들끼리는 먼저 연락을 주고받아 파티 참석 명단을 작성하고, 아이는 초대장을 써서 친구들에게 돌린다. 누구는 초대하고 누구는 초대 안 해서 나중에 문제가 생길 수 있기 때문에 소문나지 않게 조용히 초대하는 것도 특징이다.

생일 파티에 초대받은 아이들은 각자 준비한 선물을 가져간다. 선물은 문구나 캐릭터 용품 등 한국과 크게 다를 바 없지만, 생일 초대를 한 아이의 부모가 방문해준 손님들에게 답례품을 나눠주는 것은 일본만의 독특한 문화다.

일본 문화는 신세를 진 사람에 대해서는 반드시 답례를 한다. 업무 차 다른 회사를 방문한 경우에도 그날 안에 감사 메일을 보내야 하고, 결혼식에 와준 하객들에게는 '히키데모노(引き出物)'라고 해서 그릇이나 컵, 쿠키나

빵 등의 답례품을 선물한다. 요즘은 무거운 선물을 선호하지 않아, 카탈로그에서 마음에 드는 것을 주문하는 답례품도 인기다.

이런 덕분에 아이 생일 파티에도 답례품은 필수다. 생일 파티를 주최하는 엄마는 미리 선물을 구입해서 포장하고 아이들에게 나눠준다. 답례품은 아이들의 눈높이에 맞춰 작은 문구류나 형제들과 같이 나눠 먹을 수 있는 것을 넣는다. 특히 먹는 것일 경우 초대 손님의 알레르기 유무 등도 사전에 미리 알아보고 준비한다.

생일 파티에 초대받은 아이가 답례품을 받아오면 그 생일 파티를 주최한 부모에게 감사의 메일을 보내야 한다. 아이들끼리의 즐거운 생일 파티라도 일본 엄마들은 이렇게 여러 가지 면에서 신경을 써야 한다.

게다가 요즘은 자녀 수도 줄어들고 아이들의 눈높이도 높아져 파티를 준비하는 엄마들의 부담이 더 커졌다. 맥도널드를 통째로 빌려서 친구들을 초대했다는 이야기도 심심찮게 들리고, 패밀리 레스토랑 등에서 아이 생일 파티를 열기도 한다. 장소가 집이 아닌 레스토랑이면 가져가야 하는 선물도 조금 더 비싼 것으로 골라야 해서 생일 파티 비용은 날로 증가하고 있는 추세다. 게다가 생일 파티의 빈부 격차나 초대받지 못하는 친구들의 왕따 문제 등도 발생해 일부 초등학교에서는 전체 학생에게 생일 파티를 금지하기도 한다.

일본은 생일에 꼭 먹어야 하는 음식이 없다. 굳이 꼽자면 생일 케이크 정도인데, 한국에서는 생일날 미역국을 먹는다고 하면 일본 친구들은 재미있게 생각한다. 일본에서 미역이란 거의 매일 먹는 된장국에 들어가는 재료이고, 특별함이 없어서 더 그렇게 생각하는 것 같다.

일본 엄마들이 준비하는 생일상은 아이가 좋아하는 요리다. 아이들이 좋아하는 음식은 닭튀김이나 감자튀김이나 피자 등 기름진 것뿐이지만, 엄마들은 영양과 색깔을 살리기 위해 초밥 케이크나 손으로 말아 먹는 색색 초밥을 준비하기도 한다. 일본의 유명 레시피 사이트에서는 아이 생일 메뉴를 300만 건 넘게 검색할 수 있다. 아이 생일은 일본 엄마에게도 즐거운 이벤트이자 부담스러운 행사인 것만은 틀림없다.

자립심부터 키우는 일본의 엘리트
26

사립학교에 다니는 부잣집 도련님, 아가씨라고 하면 제멋대로이고 받는 것에 익숙한 이미지이지만 일본은 조금 다르다. 한겨울에도 반바지 교복에 맨다리로 집을 나서는 아이들, 초등학교 저학년 때부터 커다란 란도셀을 메고 대중교통을 이용해 스스로 통학을 하는 작은 아이들은 대부분 사립 초등학교에 다닌다. 돈 많은 집 아이는 과보호를 받거나 온실 속에서 나약하게 키우기 쉽다고 생각하지만, 일본에서는 예절과 자립심을 바탕으로 협동심 있는 아이로 자라야 진정한 엘리트라고 여긴다.

일본 유아 교육에서 가장 중요하게 여기는 것은 기초 생활 교육이라고 해도 과언이 아니다. 우리 아이가 다니고 있는 보육원만 해도 만 두 살이 되면 식사나 옷 갈아입기, 신발 신기, 장난감 정리 등을 시간이 오래 걸리더라도 스스로 하도록 시킨다. 아이들 사이에서 다툼이 일어났을 때도 이유와 과정을 설명하고 '미안해', '괜찮아' 등의 말을 반드시 하도록 한다.

아무리 울어도 제대로 의사 표현을 하지 않으면 아무도 도와주지 않는다는 것을 가르치고, 자립할 수 있도록 도와준다. 이런 자립 교육을 유치원에서 완벽히 몸에 익혀 초등학생이 되면 거의 한 사람 몫을 하도록 만드는 것 같다.

일본의 아동 수험 문화에서도 인상적인 것은 이름 있는 학교일수록 부모의 교양과 아이의 자립심을 중요하게 생각한다는 점이다. 국립과 사립 유치원 및 초등학교에 들어가려면 면접을 통과해야 하는데, 면접에서는 지식보다는 기본이 얼마나 되어 있느냐를 기준으로 당락을 결정한다.

<u>유치원과 초등학교 합격 여부의 70~80퍼센트는 부모를 보고 결정한다. 면접관들은 부모의 옷차림부터 말투, 존경어를 적절히 사용할 수 있는지 여부, 직업, 가정 환경 등을 살핀다.</u>

또한 일부 국립 초등학교에서는 부모의 작문 시험까지 본다. 얼마나 교양이 있고 조리있게 자기의 의견을 밝힐 수 있는지 체크하는 것이다. 또 아무리 집안이 좋고 돈이 많고 고학력의 부모라도 자기 주장이 강한 부모는 면접에서 탈락할 수 있다. 이는 최근 일본 교육에서 문제 되고 있는 '몬스터 페어런츠(monster parents)'를 염려하기 때문이다.

몬스터 페어런츠란 말 그대로 '진상' 부모를 뜻한다. 툭하면 학교에 찾아와 행패를 부리거나 사사건건 불만을 제기하며 자기 아이의 편의만 생각하는 이기적인 부모가 점점 늘어나고 있어 학교 당국에서는 그럴 여지가 있는 부모를 가려 받고 싶은 것이다. 그 때문에 면접에서 합격하는 부모는 아이 교육에 관심도 많고 소신은 있되 학교 방침을 존중하고 선생님들을 신뢰하며 적극적으로 협력할 수 있는 부모로 여겨진다.

교양 있는 부모 밑에서 자란 아이가 예의 바르게 자라는 것은 어쩌면 당연한 일이다. 그래서 부모 면접이 당락을 결정하는 것이다. 일본에서는 아이답게 밝고 건강하되 때와 장소에 따라 예의를 지킬 수 있는 아이를 엘리트라고 인정한다. 실제로 가장 쉽게 들어갈 수 있는 것으로 알려진 일반 사립 유치원이라 해도 면접에서 아이의 자립 여부는 대단히 중요하다.

어떤 유치원에서는 부모와 함께 면접을 치르지만, 어떤 유치원에서는 아이 혼자 교실에 들어가 선생님의 질문에 답한다. 질문은 색깔이나 도형, 좋아하는 과일 등 간단한 것이지만 중요한 포인트는 아이가 분리 불안을 느끼지 않고 낯선 환경에서 대화와 활동이 가능한지 여부이다. 영리를 추구하는 사립 유치원이지만 비싼 수업료를 낼 수 있다고 해서 누구나 받아 주는 것은 아니다. 엄마와 떨어질 경우 바로 울고 말을 듣지 않는 아이라면 일반 유치원 면접에서도 떨어질 수 있다.

좀 더 까다로운 국립이나 사립 명문의 경우는 한층 철저하게 아이의 자립심을 살펴본다. 신발을 벗었다가 다시 신을 수 있는지, 밥 먹기 전에는 손을 씻고 혼자서 도시락 뚜껑을 열고 밥을 먹을 수 있는지 등 간단한 체크를 하지만 평소 생활 습관이 몸에 배어 있지 않으면 어려운 일이다. 그룹과 잘 어울릴 뿐 아니라 호기심도 왕성하고 선생님의 말씀에 귀를 기울이는 아이. 어떻게 보면 아주 평범한 조건인 듯하지만, 이렇게 자립심 있는 아이로 키우는 것이 얼마나 어려운 일인지 아이를 한 명이라도 키워본 사람은 잘 알 것이다.

우리 아이도 어느덧 유치원에 들어갈 수 있는 나이가 됐다. 일본 유치원은 보통 10월에 입원 설명회를 개최하고 원서 접수를 마감한다. 부모들은 각 유치원의 특징을 파악해 원서를 내고 면접에 임한다. 명문 유치원이 아니더라도 시설이나 교육 내용에 따라 경쟁률이 치열한 경우도 있고, 면접에서 떨어지는 경우도 있다.

나는 유치원과 어린이집의 기능을 합친 인정 유치원을 알아보고 원서를 받아왔다. 그리고 우리 아이와 면접에 임할 생각을 하니 문득 자신이 없어졌다. 기초 생활 교육은 보육원에서 많이 연습했지만, 한국어가 더 익숙하고 낯을 가리는 아이는 분명 면접장에도 들어가기 전에 울어버릴 것이기 때문이다.

만 두 살을 넘겼을 때 아기 모델 콘테스트에 나간 적이 있는 아이는 2차 면접에서 낯을 가리고 울어버려 면접실에도 못 들어간 경험이 있었다. 아이의 극도로 심한 낯가림은 내 교육이 잘못된 건지, 아이의 특성인지 모르겠지만 만 세 살이 되도록 나아지지 않았다. 그래서 고민 끝에 나는 아이의 유치원 면접을 포기했다. 한 해 더 지나서 보내도 늦지 않을 것이라고 자위하며. 하긴 아이가 좀 더 자신의 정체성을 알았을 때 보내도 되지 않을까 싶다.

나는 사립 명문 유치원에 아이를 입학시킨 지인의 육아법에 대해 들은 적이 있다. 그녀의 가족은 아침 식사는 모두 함께 자기 자리에 앉아서 먹는다. 아침밥은 생선구이와 밥 한 공기, 된장국으로 꼭 자기 분량을 다 먹어야만 식탁을 떠날 수 있다. 옷이나 신발은 장식이 없고 움직이기 편하되 일부러 단추나 버튼이 있는 것을 골라 시간이 걸리더라도 꼭 자기 손으로 입거나 신게 한다. 걷다가 넘어지면 도와주지 않고 아이가 스스로 일어날 때까지 지켜본다.

그녀는 엄마가 마음을 굳게 먹지 않으면 안 되는 일들을 실천하고 있었다. 아이를 사랑하는 마음이야 누구에게도 뒤지지 않지만 사랑하는 만큼 강하게 키워야 한다고 했다. 꼭 좋은 학교에 보내지 않더라도 이런 생활 습관은 아이를 강하게 만들고, 자립할 수 있게 해준다. 아이를 바르게 키우는 것은 역시 가족, 특히 어머니의 영향이 크다는 것을 새삼 깨달았다.

성실함이 전제되는
일본의 사교육
27

내 직업은 일본인을 대상으로 한국어를 가르치는 학원 강사다. 결혼 전까지는 일본 여기저기를 누비는 기자였지만 임신, 출산, 육아를 하면서 병행할 수 있는 일을 찾다 보니 시간 조절이 가능한 강사 일을 하게 됐다.

유학생 초기에도 학원 강사 일을 했었는데 그때는 일본에 사는 한국 아이들에게 국어를 가르치는 일이었다. 일본에서 나고 자란 아이들은 국어를 굉장히 어려워했다. 한국어가 어눌한 경우도 많아서 일부 학생에게는 일본어를 섞어가며 가르쳐야 했다.

어느 날인가 문제 중 '자라 보고 놀란 가슴 솥뚜껑 보고 놀란다'는 우리 속담이 있었는데, 아이가 무슨 뜻인지 전혀 감을 못 잡았다. '자라'는 일본어로 설명할 수 있어도 외국에서 자란 아이에게 솥뚜껑을 보고 왜 놀라는지 이해시키기 어려웠던 기억이 난다.

지금 가르치는 대상은 거의 성인 일본인이다. 거의라는 말을 붙인 이유는 가끔 한국어를 제2외국어로 선택한 학생들도 있고, 일본에서 대대로 나고 자라온 재일 한국인도 있기 때문이다. 재일 한국인은 집에서 한국어를 쓰거나 조선 학교를 나온 경우도 있지만 대부분의 학생은 외국인으로서 한국어를 처음 접한 경우가 많다.

그래서 내 직업은 외국어로서 한국어를 이해하기 쉽게 가르치는 일이다. 벌써 5년차로 익숙해졌지만 처음엔 꽤 고생을 했다. 평생 읽고 써온 한국어지만, 외국인이 듣기에는 전혀 다른 발음으로 들린다거나 어떤 발음 규칙을 우선시해야 하는지 생각해본 적도 없던 부분을 가르쳐야 했기 때문이다. 수업 내용도 어려웠지만, 일본의 학원 문화나 시스템을 하나부터 이해해야 하는 것도 어려운 부분이었다.

며칠 전에는 수강생이 학원비를 들고 왔다. 봉투에 든 빳빳한 신권. 일본에서는 학원비로 현금을 직접 전달하는 경우가 많은데, 이때도 꼭 봉투에 돈을 넣는 게 예의다. 지갑에서 돈을 빼 그 자리에서 내는 것은 품위 없는 행동이라고 생각한다. 좀 더 신경을 쓰는 사람은 일부러 은행에서 신권을 바꿔온다. 이런 것이 가르침을 받는 사람의 예의며 선생님에 대한 존경이라고 생각하기 때문이다.

꼼꼼한 일본인답게 학원에 다니는 것도 철저한 계약을 맺는다. 일본의 대형 학원들은 대부분 '입회비'라고 부르는 가입비를 받는데, 5만 원에서 10만 원 정도 되는 꽤 큰 돈을 내야 한다. 명목상으로는 학원의 서비스를 이용하기 위한 권리금 같은 것인데, 일정 기간 입회비 무료 이벤트를 열거나 한 번 가입하면 입회비가 아까워서 쉽게 그만둘 수 없게끔 하기 위함이다. 계약과 해약이 상당히 까다로워 수강생에게 계약 내용이나 환불 규정,

수업 취소 시 발생하는 수수료 등을 반드시 설명해야 한다. 내용 중에는 누가 은행 계좌이체 수수료를 부담할 것인가 하는 사소한 부분에 이르기까지 명시되어 있다. 모든 것을 계약서로 명시해 나중에 혹여 생길지 모르는 분쟁을 피하는 것이다.

개인 레슨을 받는 경우는 철저한 약속 시스템으로 운영된다. 학생의 사정으로 3일 전에 연락을 받으면 수업료의 25퍼센트를 1엔 단위까지 계산해서 받고, 당일이나 전날 늦게 연락을 해서 수업에 오지 못하면 수업료 전액을 소멸시킨다. 갑작스러운 당일 예약이나 취소는 받지 않는 경우도 있다. 학원에 따라 규정이 조금씩 다르지만 철저한 계약 관계 속에서 이루어지고 있는 것은 틀림없다. 이런 꼼꼼한 규약에도 불구하고 수강생들은 당연한 듯이 규정을 따른다. 가족, 친지가 사망하고 갑작스러운 변고에도 수업 취소료는 반드시 지불하고, 어떤 학생들은 선생님께 폐를 끼쳤다며 선물이나 먹을 것을 들고 오는 경우도 있다.

학원 강사를 시작하고 가장 먼저 놀란 것은 학원에 다니는 빈도였다. 우리 학원에 다니는 수강생 스케줄을 보면 대부분의 학생이 일주일에 한 번 한 시간 수업을 받는다. 어떤 사람은 2주일에 한 번 다니는 경우도 있고, 평소엔 혼자서 공부하다가 한두 달에 한 번 특별 강좌만 듣는 경우도 많다. 한국어라서 그런 게 아니라 보통 취미로 배우는 학원 대부분이 이렇다. 언어를 일주일에 한 번 한 시간 공부해서 과연 마스터할 수 있을까?

나는 한국에서 영어, 일본어, 중국어 학원에 다녔지만 모두 주 5일 수업이었다. 잊기 전에 복습하고 예습해야 겨우 따라갔는데, 일본 사람들은 일주일에 한 번 수업을 들어도 언어를 배울 수 있다고 생각하는 것인지 궁금했다. 언어뿐만 아니라 피아노나 수영, 요리나 자격증 취득까지 대부분 학원은 일주일에 한두 번 다니는 것이 당연하다. 물론 입시를 앞둔 수험생이나 콩쿠르를 앞둔 특기생의 경우는 매일 수업을 듣기도 하지만, 금액이 어마어마해서 일반인은 엄두도 못 낸다. 학원비나 교통비가 비싼 점도 이유겠지만 미술이나 음악, 운동 등 취미로 하는 학원은 일주일에 한 번이면 충분하다고 생각하는 것 같다.

그래서 일본의 학원은 한국과 개념이 다르다. 일본 학생들은 집에서 예습과 복습을 충분히 하고, 일주일에 한 번 학원에 와서 확인을 받고 질문을 한다. 피아노도 집에서 연습을 하고 학원에서는 지도와 수정만 받는다. 일본 아이들은 유치원부터 초등학교 저학년 때까지 예체능을 배우는 데 힘을 쏟는데, 피아노의 경우 한 번 레슨에 30분 코스부터 있어 말 그대로 확인만 받고 다음 단계로 넘어간다.

교육에 열심인 일본 엄마들은 0세부터 시작하는 영어 보육원, 음악 프로그램, 미술 프로그램 등에 참여하기도 한다. 특히 모든 초등학교에 수영 수업이 있다. 누구나 배워야 하는 수영은 일찍부터 시작하는 게 좋다고 생각하는 사람들이 많아 0세부터 물놀이 교실에 다닌다. 각 지역별로도 구민 체육관에 수영 수업이 있고, 수영장에서 운영하는 셔틀버스를 이용하는 학생도 자주 볼 수 있다.

2015년 닛세이에서 일반 가정의 20대 일본 남녀 1153명을 대상으로 어렸을 때 다닌 학원을 조사한 결과 1위 수영, 2위 서예, 3위 시험 공부, 4위 음악 교실, 5위 영어 회화인 것으로 나타났다. 특히 수영은 응답자의 42.9퍼센트가 강습을 받았다고 대답했다.

또한 2015년 사교육 전문 사이트 케이코토마나부(ケイコとマナブ)에서 400명의 어머니를 대상으로 조사한 결과에서도 현재 가르치고 있는 사교육 중 1위가 수영이고, 2위가 피아노였다. 시대를 막론하고 가장 인기 있는 사교육은 수영인 셈이다. 수영을 가르치는 이유에 대해서는 "초등학교에 들어가기 전에 수영을 할 수 있게 하려고"와 "체력을 길러 감기에 걸리지 않게 하려고" 등이 있었다.

재미있는 점은 수영과 학습의 상관관계다.《머리 좋은 아이로 키우는 사교육》(2015, 角川書店)에서 나오는 조사 결과를 살펴보면, 일본 최고 명문인 도쿄대 학생의 무려 65.8퍼센트가 수영 학원에 다녔다고 대답했다. 특히 절반 이상이 만6세 이하 때 학원에 다녔다고 응답한 반면, 아기 때부터 영재 교육을 받았다고 응답한 학생은 없었다. 아직 어릴 때는 공부보다 심신을 단련하는 것이 더 효과적이었다고 볼 수도 있다. 도쿄대 학생들이 두 번째로 많이 배운 사교육은 피아노였다. 아울러 피아노를 배웠다고 응답한 학생 중 76.3퍼센트는 피아노와 지능 발달은 관련이 있다고 생각했다.

그렇다고 해도 일본에서 피아노를 가르치는 시기는 일러도 만 3~4세 정도다. 그 전에도 야마하나 가와이 등 유명 음악 교실에서는 악기에 흥미를 갖도록 리듬 교육을 하기도 하지만, 정식으로 피아노를 연주할 수 있는 시기는 만 3~4세는 되어야 한다고 생각한다. 실제로 피아노 학원에 등록하는 가장 많은 연령대는 만 3세 정도라고 한다. 개인 레슨 학원에서는 만 4세 이상으로 연령대를 제한하기도 한다. 피아노 같은 경우는 보통 한 달에 네 번 가고 달마다 학원비를 내는데, 5만 원에서 10만 원 정도의 비용이 든다. 수영이나 축구 교실, 체조 교실, 가라테 등의 학원비도 대략 5만 원에서

10만 원 사이라고 한다.

내 주변을 봐도 유치원에 다니기 전, 또는 초등학교에 들어가기 전에 배우는 사교육은 대부분 수영, 피아노다. 수학과 영어를 배우기 위해 구몬 등의 학습지도 하지만, 어릴 때일수록 몸을 움직이고 인생을 풍부하게 만들어주는 예체능을 배워야 한다고 생각하는 사람들이 많은 것 같다.

내가 아는 초등학교 6학년 딸, 1학년 아들을 둔 일본 엄마는 비가 오나 눈이 오나 매일 아침 아들과 조깅 연습을 하고, 매년 모자 마라톤 대회에 참가한다. "공부하는 학원은 안 다녀요?"라는 내 질문에 "네? 한국 아이들은 초등학교 1학년도 학원에 다녀요? 우린 아직 학원은 필요 없어요. 지금은 공부 외에도 더 많은 체험을 할 때니까요"라고 대답했다. 나는 그녀가 갑자기 빛나는 엄마로 보였다. 본격적인 학원 데뷔 나이로 성장한 내 아이에게 무엇을 가르칠지 진지하게 고민하는 요즘이다.

일본은 왜 노벨상을 많이 탈까?

28

2015년에도 일본에서 노벨상 수상자가 두 명이나 나왔다. 이로써 일본인의 노벨상 수상은 물리학상 11명, 화학상 7명, 의학생리학상 3명, 문학상 2명, 평화상 1명 등 총 24명으로 늘어났다. 2015년까지 통계를 보면, 일본인의 노벨상 수상자는 전 세계에서 8위이고, 아시아권에서는 독보적인 수다. 또한 2000년 이후 최신 노벨상 과학 분야 수상자만 따져보면 미국에 이어 세계에서 두 번째로 수상자가 많다. 특히 물리학상은 지난해에 이어 2년 연속 수상해 일본 기초 과학의 저력을 보여주고 있다.

노벨상 발표 당일 일본에서는 국가적인 중요한 사건이 있을 때마다 발행하는 무료 신문, 곧 '호외'가 배포되었고, 하루 종일 열도를 뜨겁게 달궜다. 일본인들은 노벨상 수상 소식에 들떠 "대단하다. 자랑스럽게 생각한다"고 말했다. 2015년도에는 특히 중국에서도 의학생리학상 수상자가 나와 한국인의 자존심을 건드렸다. 한국 언론은 일본과 중국의 노벨상 소식을 전하며 뉴스 제목으로 '한국은 언제쯤', '씁쓸' 등 자조 섞인 표현을 쓰기도 했다.

매년 노벨상을 발표할 때마다 한국이나 중국 언론에서는 왜 일본에서는 노벨상 수상자가 많은지 앞다투어 분석한다. 2015년에도 레코드 차이나 등 중국 언론에서는 일본의 노벨상 수상 원인을 분석하는 기사가 쏟아져 나왔다. 예를 들면 다음과 같은 기사들이다.

"일본에서는 에도 시대부터 수리 등에 대한 독자적인 연구가 이뤄지는 한편 유일한 통상국이던 네덜란드를 통해 서양의 근대과학을 접할 수 있었다. 기초 과학을 중요하게 생각하는 전통은 이때부터 생겼다."

"일본에서는 세계 대전 종전 후 교육의 균일화가 급속히 퍼졌다. 어렸을 때부터 학생의 지적 욕구를 키움으로써 과학 연구에 종사하는 토대를 만들어왔다. 일본인 수상자는 누구나 20~30년 이상 한 가지 연구에 몰두했다. 노력가인 동시에 자연과 친했고 많은 책에 둘러싸여 유소년기를 보냈다는 사람이 많다. 이런 아이들을 둘러싼 환경이 일본의 노벨상 수상자 배출과 관련이 있다."

그런데 중국 언론의 이런 분석은 어느 정도 일리가 있는 것이 일본에는 '노벨상 도로'라는 게 있다. 일본 본토 동해 연안에 위치한 도야마 현(富山県)과 그 아래 본토의 중앙 부분에 위치한 기후 현(岐阜県)을 횡단하는 국도 41호의 약 90킬로미터 구간에서 노벨상 과학 부문 수상자를 5명이나 배출했기 때문이다. 이 지역은 일본 본토의 중앙에 위치해 바다와 인접하면서도 대부분 산악 지형으로 자연 환경이 풍부하다.

도야마 현은 풍부한 수자원을 바탕으로 농업과 어업이 발달하고 옛날부터 의약품 제조 및 판매가 발달한 곳으로 유명하다. 기후 현은 산악 환경을 이용해 임업이 발달했고, 항공 산업 및 자동차 산업과 관련한 금속가공 등의 제조업이 발달한 지역이기도 하다. 이런 자연 환경 속에서 유년 시절을 보내거나 연구실을 갖고 있는 이들이 노벨 과학상을 수상했으니 환경이 인재를 만든다는 주장에 어느 정도 설득력이 있어 보인다. 그것도 무려 5명이나 말이다.

2015년 노벨 물리학상 수상자인 가지타 다카아키(梶田隆章) 도쿄대 교수의 자택과 연구 시설은 물론 가지타의 스승이자 2002년 노벨 물리학상 수상자인 고시바 마사토시(小柴昌俊) 도쿄대 특별영예교수의 연구 시설도 이 노벨상 도로에 위치해 있다. 일본에서는 이 노벨상 거리를 관광 자원으로 적극 홍보해 지역 활성화를 위한 이벤트를 열고 있다.

한국에서는 일본이 많은 노벨상 수상자를 배출하는 이유로 늘 정부의 아낌없는 지원이나 연구자들의 장인 정신을 꼽는다. 하지만 일본 내에서는 이미 노벨상 위기설이 나온 지 오래다. 일본 언론들은 현재 노벨상 과학 부문 수상자들은 종전 후부터 1980년대까지의 연구자들이 주를 이루고 있기 때문에, 버블 경제 붕괴 후의 연구자들이 계속해서 연구 성과를 내고 노벨상을 수상할 수 있을지 자신할 수 없다고 말한다.

대학 관계자들에게 물어봐도 일본 정부의 연구비는 충분하지 않으며, 이것이 많은 일본 연구자들이 미국으로 떠나는 이유라고 지적한다. 실제로 2014년 노벨 물리학상 수상자 나카무라 슈지(中村修二) 캘리포니아 대학 샌타바버라 캠퍼스 교수는 일본 기업에서 청색 LED를 개발했음에도 회사가 적은 포상금을 주자 미국으로 건너가 국적을 바꾸고 자신이 일하던 회사에 거액의 소송을 제기한 것으로 유명하다. 게다가 일본에는 진정한 자유가 없다면서 신랄한 비판을 하기도 했다. 그렇지만 이 일을 계기로 일본에서도 자유로운 연구에 대한 인식이 높아지고, 노벨상 수상자들이 직접 대학 및 연구소의 교수가 되어 후학들을 아낌없이 지도를 하고 있으므로 일본의 노벨상 신화는 계속될 가능성이 있다.

2015년 노벨상 수상 소식 이후 나는 각 분야의 다양한 일본 사람에게 노벨상 수상에 대한 의견을 물어봤는데, 대부분 노벨상 수상자는 나라의 지원보다는 개인의 노력으로 생각해야 한다고 대답했다. 실제로 일본의 많은 연구자들은 풍족하지 않은 생활을 하는 경우가 많다. 우리나라와 마찬가지로 일본 연구소도 단기간에 실적을 내지 않으면 출세하기 어려운 시스템이다.

2014년 1월, 만능 세포 발견으로 전 세계적 주목을 받았던 연구 결과가 결국 조작으로 밝혀져 일본 연구계에 많은 문제점이 있음을 보여줬다. 전통 있는 일본 이화학연구소 안에서 치열한 경쟁이 일어나고 있으며, 단기간에 실적을 발표해야 한다는 압박으로 인해 일어난 사건이라는 시각도 있다. 이런 환경 속에서도 연구자의 길을 걷는 학생이 많고, 일본에서 꾸준히 노벨상 수상자가 나오는 것은 개인의 노력으로밖에 설명할 수 없다는 것이다.

2015년 노벨 생리의학상 수상자 오무라 사토시(大村智) 기타사토 대학 특별영예교수는 수상소감으로 다음과 같은 명언을 남겼다.

"나 자신이 대단한 일을 생각하거나 어려운 일을 한 것이 아니다. 모든 것은 미생물이 하고 있는 일을 배우면서 여기까지 온 것이다. 그런 의미에서 내가 이 상을 받아도 될까 하는 생각이 든다. 상을 받으려고 일한 것이 아니라, 세상에 도움이 되는 일을 하려고 필사적으로 노력했을 뿐인데 설마 노벨상이라는 결과를 낼 줄은 생각도 못했다. 과학자는 인간을 위해 노력하지 않으면 안 된다. 타인을 위해 일하려는 마음이 중요하다."

아울러 그는 지금도 지갑에 비닐백을 넣고 다니며 어딜 가든 연구 대상인 흙을 채취할 준비를 한다고 말했다. 한시라도 연구를 생각하지 않는 날이 없는 게 노벨상 수상자들의 특징인 듯하다.

꼭 노벨상 수상자가 아니더라도 일본에는 한 우물만 열심히 파는 사람이 정말 많다. 몇 대째 가업을 이어가는 전통 공예 장인이나 예술가도 있고, 개업한 지 100년이 넘은 음식점도 널렸다.

일본에 살며 '시니세(老鋪)'라고 일컫는 전통 가게가 늘 붐비는 것을 볼 때마다 나는 보상이나 대가를 바라지 않더라도 꾸준히 한 가지 일에 충실한 것이 세계 경제 대국 일본의 저력이라고 생각한다. 일본에서 전통은 곧 믿음이며, 사람들은 다소 비싼 가격을 지불하더라도 신뢰할 수 있는 곳을 찾는다.

게이오 대학 대학원 교수이자 전 경제산업성 장관 출신의 인기 경제학자 기시 히로유키(岸博幸)는 최근 한 텔레비전 프로그램에서 "10년 후에 출세하는 남자를 구별하는 방법"에 대해 말했다. 기시 교수가 제시한 출세할 남자의 세 가지 조건은 첫째, 직감이 뛰어난 사람 둘째, 전례 없는 행동을 할 수 있는 사람, 마지막으로 의리 있는 불량배이거나 오타쿠적 요소를 가진 사람이다.

기시 교수는 10년 후 세상은 글로벌화와 디지털화로 압도적인 경제 격

차가 벌어질 것이며, 일반 직장인은 점점 줄어들고 몸을 쓰거나 머리를 쓰는 일 두 가지로 직업이 분류될 것이라고 예측했다. 따라서 이런 경쟁 사회 속에서 살아남아 출세하는 사람은 위험이 있더라도 승부를 걸 수 있는 사람, 한 가지를 파고드는 사람이라고 했다.

이 말은 많은 시청자들의 공감을 샀는데, 나 역시 한국에 필요한 인재도 이런 요소를 가져야 한다고 생각한다. 한국인이 노벨상을 타기 위해 무엇이 필요할까 생각하기보다는 좋아하는 일을 평생 동안 파고들 수 있는 세상이 되었으면 좋겠다. 부디 우리 아이들이 그런 세상에서 활약할 수 있기를 바란다.

The Power of japanese Mother

5부
한국 엄마가 일본에서 아이를 키운다는 것

......

내가 가장 매력적으로 느끼는 일본의 육아 정책은 아이의 의료비인데, 지역마다 할인폭은 조금씩 다르지만 내가 사는 도쿄는 중학생까지 모든 의료비가 무료다. 아이의 의료비 부담이 전혀 없다 보니 콧물만 조금 흘려도 부모는 바로 병원에 데려가 큰 병에 걸릴 위험을 사전에 막을 수 있다. 일반적인 소아과 진료뿐만 아니라 대학 병원 및 평일 야간 응급 센터, 휴일 응급 진료도 무료라서 많은 도움을 받았다.

한국 여자,
일본에서 임신부가 되다
29

 타국에서 어느 날 문득 찾아온 배 속의 아이. 기쁨과 동시에 여러 걱정들이 머리를 스쳐 지나갔다. '손가락, 발가락 다 달려 있는 건강한 아이를 출산할 수 있을까?' 하는 걱정부터 다문화 가정 특성상 어느 나라에서 낳을지, 모국어는 무엇을 가르칠 것이며 국적은 어디로 해야 할지 등 여러 가지 문제가 머릿속을 혼란스럽게 만들었다. 임신, 출산이라는 것 자체가 여자에게는 불안하고 예민해지는 문제인 데다 홀로 떨어져 있는 타국에서의 경험이다 보니 모든 것이 낯설고 신기하기만 했다. 내가 임신을 직감하던 날, 남편은 장기간 중국에 가 있던 상태였고 나는 뭔가 다른 것을 느끼고 임신 테스트기를 들었다. 결과는 선명한 두 줄. 갑자기 불안해져서 남편에게 연락했지만, 좀처럼 전화가 연결되지 않았다. 나는 일단 임신이 확실한지 알아보기 위해 병원에 가기로 결정하고 근처 산부인과를 검색했다.
 이때 좀 더 마음의 여유가 있었다면 시설 좋은 곳이나 여의사가 있는 곳,

사람들의 평가가 좋은 곳 등을 골랐을 테지만 그때 나는 패닉 상태였다. 근처 산부인과를 검색했는데, 내 생각보다 병원 수가 많지 않았다. 게다가 홈페이지를 운영하는 곳도 적어서 시설이 어떤지도 알 수 없었다. 그래서 단순히 역에서 가깝다는 이유로 찾아간 첫 산부인과는 작고 좀 오래된 곳이었다. 의사 선생님은 연세가 꽤 든 할아버지였다. 의사는 퉁명스러운 말투로 이것저것 물어본 후 초음파로 임신 확정 진단을 내렸다. 그리고 내 얼굴을 바라보며 "축하할 일인가?"라고 말했다. 나는 잠시 내 귀를 의심했다. 보통 드라마에서 보면 "임신입니다. 축하합니다"라고 말하지 않던가.

그런데 이 의사는 축하할 일이냐고 물었다. '나를 어떻게 보고 하는 말이야? 내가 외국인이라고 무시하는 거야' 등 여러 가지 생각이 들면서 굉장히 불쾌해졌다. 나중에야 안 사실이지만, 일본에는 미혼모가 꽤 많아 사회문제가 되고 있기 때문에 일단 내가 아기를 기다렸는지, 귀찮게 생각하고 있는지 알아보기 위해 질문을 했던 것이다. 내가 아는 한 엄마도 일본 산부인과에서 임신 진단을 받았을 때 우선 낳을지 안 낳을지부터 물어봤다고 한다. 나는 불쾌하고 어이없는 마음을 억누르고 의사에게 "그럼요. 기쁜 일이지요"라고 대답했다. 의사는 그제야 축하한다는 말과 함께 앞으로 길게 이어질 임신 기간에 필요한 검사라든가 복지 제도 등에 대해 여러 가지 설명을 해주었다.

나는 병원을 나서면서 이런 곳은 두 번 다시 오지 않겠다고 결심했다. 그리고 다른 병원을 열심히 찾았는데, 불과 이틀 뒤 약간의 유산기가 찾아왔다. 불안감을 안고 찾아간 새로운 병원. 그러나 병원에서는 "유산기가 있다면 처음 진단받았던 곳으로 가는 게 좋겠어요"라며 나를 받아주지 않았다.

일본은 항상 이런 식이다. 뭔가 문제가 생길 것 같으면 책임지기 싫어서 꺼려한다. 학교에 들어갈 때도, 사회에서 일을 할 때도, 관공서에서도 전례가 없던 일은 만들려 하지 않는다.

<u>나는 이것을 일본 특유의 '책임지고 싶지 않다' 문화라고 생각하는데, 어떤 일이라도 100퍼센트 확신이 없으면 바로 대답하지 않고 맡지 않는 것이다. 그렇게 함으로써 만에 하나 생길 수 있는 위험을 줄이고 책임을 피하려는 것이다.</u>

나는 울며 겨자 먹기로 다시 할아버지 의사 선생님을 찾았다. 가벼운 유산기였기 때문에 다행히 아이는 괜찮았고, 임신 초기니까 조심해서 덜 움직이라는 진단을 받았다. 그렇게 아기가 괜찮은지 두세 번 검사를 받으니 진료 기록이 쌓여 이제 더 이상 병원을 바꿀 수 없게 되었고, 나도 어느새 새로운 병원 검색은 포기하고 현실과 타협하고 있었다.

내가 머릿속에 그리고 있는 산부인과 대기실의 이미지는 밝고 화사한 인테리어, 넓직한 공간에서 배가 불룩한 엄마들이 행복한 표정으로 클래식을 듣고 있는 풍경이었다. 그러나 내가 다녔던 산부인과는 병원 전체가 딱딱한 회색이고 무채색의 긴 소파에 배부른 엄마들이 일렬로 앉아 있었다. 책도 몇 권 없고, 연예인 가십 뉴스로 가득한 주부 잡지에 한숨이 나왔다. 초음파 기계도 최신식이 아니어서 아기 동영상을 받는 건 아예 꿈도 꾸지 못했고, 진료 시간은 늘 촉박해서 아이 얼굴을 제대로 본 적도 없었다. 이런 낙후된 시설에도 불구하고 병원은 늘 붐벼서 예약하고 평일에 가는데도 늘 두 시간씩은 기다려야 했다. 과연 일본 사람들은 이 정도 병원 시설에 만족하고 있는 걸까. 미스터리가 아닐 수 없었다.

이 문제에 대해서 나는 여러 일본 엄마들과 이야기를 나눴다. 그녀들의 이야기에 따르면, 일본은 출산율이 낮아진 데다 1년 365일 24시간 대기해야 하는 고된 직업인 산부인과를 지망하는 젊은 의사들이 점점 줄고 있기 때문이라고 했다. 일본 산부인과는 보통 출산 및 신생아 관리 부분을 담당하는 '산과'와 부인 질환이나 피임, 불임 상담, 임신 검사 등만을 취급하는 '부인과'로 역할 분담이 나눠져 있다. 24시간 운영해야 하는 '산과'에 비해 보통 병원 진료 시간만 운영하는 '부인과'는 더 많은 편이고, 부인과에서 임신 검사를 받더라도 아기를 낳기 위해서는 산과 예약을 따로 해야 한다. 그리고 비교적 큰돈을 만지는 '산과'에 비해 벌이가 시원찮은 '부인과'는 나이 든 의사 선생님, 오래된 건물, 약간 낙후된 설비가 있는 곳이 많은 편이라는 것도 알게 되었다.

실제로 내가 아직 임신 3개월쯤 됐을 때, 할아버지 의사 선생님은 나에게 출산할 병원은 정했느냐고 물었다. 내가 다닌 병원은 그냥 부인과만 취급하는 곳이어서 임신이 확정되면 바로 산과부터 찾아 예약을 해야만 했다. 임신 6개월이 지나도 예약을 못하면 오도 가도 못하고 출산 난민이 될 가능성이 크다고 했다. 그런데 출산을 할 수 있는 병원은 그리 많지 않았다. 번화한 곳인 우리 동네도 한두 개 있을까 말까였다. 대학 병원은 추천서가 없으면 진찰도 못 받고, 특수한 출산이 아닌 이상 예약조차 하기 힘들었다.

게다가 우리나라에서도 보통 아이를 많이 낳는 해가 있고 선호하는 출산 달이 있는 것처럼 일본도 그런 시기가 있어 그때가 출산 예정일인 경우 산과를 예약하는 것은 굉장히 어려운 일이라고 했다. 그래서 일본에서는 출산할 병원을 예약하지 못하고 있다가 갑자기 아이가 나오거나 조산을 한 경우 어떤 병원에서도 받아주지 않아 구급차에 탄 채 임산부가 사망한 사건이 몇 번이나 있었다. 이런 사정을 알고 나니 일본에서 출산하고 싶은 생각이 사라졌다. 가뜩이나 불안한 첫 출산인데 병원 경쟁을 하고 싶지 않았고, 그 경쟁에서 이길 자신도 없었다. 그래서 고민 끝에 "출산은 고향에서 하겠어요"라고 의사 선생님께 전했다. 그 후로 나는 병원 예약 경쟁에서는 일단 해방되었지만, 비행기를 타기 전에 아기가 나올까 봐 불안 불안한 원정 출산을 기다리는 임신부가 되었다.

한중일이 만나 가족을 이루다
30

　내가 제일 많이 듣는 질문은 "집에서는 무슨 말을 써요?"이다. 한국인 엄마, 중국인 아빠, 일본에서 자라는 딸. 다국적 정체불명의 우리 집 공용어는 일본어다. 언젠가 하나의 언어로 시작된 인간관계는 환경이 바뀌어도 처음 언어로 이어진다는 말을 들은 적이 있는데, 우리 집도 남편과 내가 처음으로 대화를 나눈 공용어가 일본어라서 한국어나 중국어로는 바뀌지 않는다. 한국인 아내와 중국인 남편이 아이에게 일본어로 소리치는 묘한 풍경이다.

　매일 지지고 볶고 함께 사는 외국인 부부이므로 서로에게 언어를 가르쳐줄 수 있는 최고의 환경을 갖추었지만 우리는 각자의 모국어를 가르치지 않는다. 몇 번이나 책을 들고 서로 강의를 해봤는데 어색하고 겉도는 느낌이 들었다. 한국어 강사인 내가 일본어로 중국인에게 설명하는 것 자체가 좀 아이러니하다고 할까.

아이가 태어나자 사람들은 더 궁금해했다. "아이의 국적은 일본? 한국? 중국? 아이의 언어는 당연히 3개 국어가 되겠지요?" 등등. 나도 내가 임산부가 되기 전까지는 이 문제에 대해 간단히 생각했고, 아이가 원하면 많은 것을 가질 수 있을 거라고 믿었다. 미국에서 아이를 낳으면 아이만 미국 시민권자가 되는 것처럼 일본에서 아이를 낳으면 일본 국적을 가질 수 있다. 그래서 우리 가족은 '3개 국적이 되지 않을까'라는 쓸데없는 생각도 해봤다. 하지만 국적이나 언어 문제는 그렇게 간단하지 않았다. 무언가를 얻으려면 무언가를 포기해야 하는, 선택과 포기의 연속이었다.

우선 일본은 한국과 마찬가지로 혈통주의라 출생과 상관없이 부모 한쪽의 국적을 따라야 한다. 중국은 이중 국적을 허용하지 않아 아기가 태어나자마자 바로 중국이냐 한국이냐를 선택해야 했다. 한국은 18세 미만까지 이중 국적을 허용하는 등 비교적 융통성 있는 대응을 하지만 한국 국적을 먼저 취득한 상태에서 중국 국적을 취득하기는 어렵다.

그 때문에 아이가 앞으로 어디에서 클 것인지, 어떤 교육을 받고 싶은지에 따라 국적 취득을 하는 것이 가장 좋았다. 하지만 일본에서 사는 우리는 그런 깊은 생각을 할 수 없었고, 가장 간단한 방법인 한국 출산 후 한국 국적을 아기에게 선물했다. 글로벌 세상에서 해외에 나갈 일이 많은 아이를 위해 해외여행이 좀 더 자유로운 한국 여권이 낫겠다 싶기도 했다. 하지만 시댁에 갈 때는 배우자가 중국인이어도 비자 발급이 까다롭고 출신별로 심한 차별을 하는 중국이기 때문에 먼저 중국 국적을 취득하는 편이 나았을까 후회할 때도 있다.

현재까지는 큰 문제 없이 일본과 한국 양국에서 혜택을 받으며 아이를 키우고 있으니 무엇이든 일장일단이 있다고 생각하면 그다지 고민될 것은 없다. 하지만 둘째를 낳는다면, 혹은 아들이라면 국적 문제는 병역 때문에 더 고민스러울 것 같다. 아이가 성인이 되었을 때 알아서 선택할 수 있다면 정말 좋겠지만, 중국은 그런 여유와 융통성을 주지 않는다. 혼인 신고는 물론 출생 신고도 중국에서 먼저 하지 않으면 혜택을 전혀 주지 않는다. 많은 부분에서 중국은 아직 자유롭지 못하고 폐쇄적이라 발전 가능성을 보고 중국으로 건너가고 싶어도 좀처럼 쉽게 발을 내딛을 수가 없다.

국적은 그렇다 치고 언어 문제는 출산 전부터 나의 딜레마였다. 보통 아이들은 생활하는 지역의 언어를 따르게 마련이다. 미국에서 자라면 미국 문화가 가장 가깝고, 중국에서 자라면 중국 문화를 당연하게 받아들인다. 특히 우리 아이처럼 아기 때부터 보육 기관에서 자라는 경우는 처음부터 모국어를 일본어로 받아들이기 쉽다.

나는 그동안의 일본 생활에서 많은 한국 가정, 다문화 가정의 아이들을 봐왔고, 한국어는 집안 분위기에 따라 크게 달라진다는 것을 알고 있었다. 부모 한쪽이 일본인인 경우 일본 아이처럼 자라는 아이도 많고, 한국인 부부 사이에서도 한국어를 이해는 하지만 말할 수 없는 아이가 있고, 한국어로 자유롭게 글을 쓸 수 있는 아이도 있었다. 이런 차이는 부모가 얼마나 노력하느냐에 따라 달라지는 것 같았다. 집안의 공용어가 일본어가 되면 아이도 일본어가 가장 편해지고, 부모 각자 다른 언어를 꾸준히 사용하면 2개 국어를 구사할 수 있다.

나는 우리 아이가 외국인으로서 해외 생활을 하고 있지만, 언어만큼은 양쪽 부모님들과 의사소통이 되길 바랐다. 가장 좋은 방법은 부부가 각자 모국어로 아이를 대하는 방법이지만 다문화, 다언어 환경의 아이는 말이 늦을 수 있다는 핸디캡이 가장 고민스러웠다. 예상했던 대로 아이는 다른 아이들과 비교했을 때 한국어도 일본어도 느렸다.

언어 발달이 느리다는 것은 아이의 특성일 수도 있지만 단순히 기다린다고 해결될 문제는 아니다. 언어 발달이 느리면 답답한 마음을 폭력이나 자해 행동으로 표현하기도 한다. 내 주변에서도 하고 싶은 얘기는 많은데 말이 아직 안 나올 때, 아이들은 떼를 쓰고 물건을 집어 던졌다. 우리 아이도 '엄마'와 '마마(ママ)'의 차이, 두 언어에 대한 고민을 하는 듯했고, 보육원에서도 자기 의지대로 되지 않으면 답답한지 울고 떼를 쓰는 경우가 많다고 했다.

우리 아이는 그 반에서 꽤 까다로운 단 한 명의 외국인 아이였지만, 보육원 선생님들은 따뜻한 이해로 돌봐줬다. 아주 가끔 "수영장에서 나오지 않겠다고 바닥에 누워 뒹굴었어요" 하며 웃었지만, 그러면 곤란하다거나 아이에게 일본어를 좀 더 가르치라거나 하는 충고는 한 번도 들어본 적이 없다. 선생님들도, 나도 알고 있었다. 다문화 가정의 아이는 느리지만 언젠가 두 문화와 언어를 받아들이고 사람에 따라 구별해서 쓸 수 있게 된다는 것을 말이다.

우리 아이에게 한국어를 모국어로 만드는 데 가장 큰 효과를 본 것은 수준에 맞는 한국어 전집을 들이고 아이가 뽑아오는 책을 조금씩 읽어준 것이었다. 시각과 청각의 조화가 아이에게 크게 와 닿았는지 책을 읽어준 후부터 아이는 색깔이나 감정, 단어 등을 한국어로 먼저 인식하기 시작했다. 처음에는 보육원에서 배워온 일본어만 쓰더니 한국어가 귀에 들어오면서부터는 한국어만 쓰려고 해서 엄마 마음을 졸이게 했다. 만 두 살쯤 되었을 때 한국어를 모국어로 받아들인 아이는 보육원에서도 한국어를 쓰고 다니는 것 같았다.

어느 날 아이를 데리러 갔는데 창밖을 가리키며 "캄캄해. 무서워"라고 말하는 것이었다. 하지만 어느 누구도 아이 이야기를 들어주지 않았다. 당연한 일이었다. 무슨 뜻인지 모를 한국어를 반복해서 중얼대니 아이는 친구며 선생님이 내버려둘 수밖에 없기 때문이다. 또 어떤 날은 아이들이 모여서 선생님이 읽어주는 책을 주의 깊게 듣고 있는데 혼자 떨어져서 놀고 있었다. 그런 고독한 아이의 모습을 보는 것은 참 마음 아픈 일이었다.

그렇지만 아이들의 습득력과 적응력은 대단해서 어느새 아이는 엄마와는 한국어, 아빠 및 그 외 사람들과는 일본어로 해야 한다고 깨달은 것 같다. 종종 한국어와 일본어를 섞어 쓰기도 했지만, 친구들에게는 자연스럽게 일본어로 이야기하는 모습을 보니 안쓰럽기도 하고 기특하기도 했다. 또 하나 남은 과제는 중국어지만, 1년에 한 번 이상 중국에 다녀오고 방학이 되면 할아버지 댁에 묵을 테니 어느 정도 의사소통 능력을 키우지 않을까 생각하고 있다.

국제결혼과 해외 생활은 끝없는 문화 차이의 연속이다. 딸의 일본어는 이미 나보다 훨씬 발음이 좋아서 나에게 자극이 되고, 남편은 아이와 나의 대화를 들으며 한국어를 익힌다. 서로 모국어가 아닌 언어로 대화하는 남편과 나는 100퍼센트 마음속의 말을 주고받지는 않는다. 덕분에 말싸움을 할 일도 별로 없지만, 답답할 때도 있기는 하다.

아빠 성을 따라 중국인의 대명사 '왕' 씨가 된 딸은 친구들과 자기 이름이 다른 것을 조금씩 깨닫고, 친구들에게는 한국어가 전혀 통하지 않는다는 것도 깨달았다.

긍정적으로 보면 선택의 폭이 넓고 부정적으로 생각하면 어디서나 이방인인 우리 가족. 그렇게 어정쩡한 상태로 서로가 서로에게 자극을 주고 의지하며 살아가는 것이 해외 생활과 국제결혼이 아닐까 싶다.

한국 맘,
일본 문화를 다시 배우다
31

아이를 낳고, 한국에서 6주 이상 흘렀다. 아이는 그사이 여권 사진을 찍고, 여권을 발급받았다. 큰 짐은 국제 택배를 통해 일본으로 건너갔다. 이제 떠나는 일만 남아 있다고 생각하니 마음이 홀가분해졌다. 다른 사람들은 타국에서 아이를 키워야 할 나를 걱정했고, 특히 친정어머니는 백일까지만이라도 있다가 가라고 만류했지만, 난 사실 떠날 날만 손꼽아 기다리고 있었다.

친정은 따뜻하고 좋은 곳이었지만, 스무 살 때부터 자취를 했던 나는 자유가 그리웠고 약간의 산후우울증도 왔다. 밤에 아이가 울면 친정 부모님이 잠을 설칠까 봐 서둘러 아이를 달래야 했고, 슬슬 수면 교육을 하거나 수유 간격을 늘려줘야겠다고 생각했지만, 아이가 울면 '젖을 물리라'는 친정어머니의 성화에 내 마음대로 육아를 할 수 없었다. 모든 세상일엔 일장일단이 있다. 한국 출산으로 나는 안심감과 친정 부모님의 사랑을 느낀 대신 내 살림, 내 생활 패턴, 내가 꿈꾸는 육아와 점점 멀어져가고 있었다.

그리고 찾아온 디데이. 아이는 이제 생후 8주가 되었다. 아기를 처음 비행기에 태우는 시기에 대해서는 의견이 분분하지만, 생후 1개월 이상은 돼야 한다고 해서 우리는 수유 간격이 좀 멀어지고 고개를 들기 시작한 8주에 아기를 비행기에 태웠다. 분유 병, 따뜻한 물이 든 보온병, 분유, 기저귀, 물 티슈, 손수건 등 챙길 것이 많아 엄마들이 왜 그렇게 '기저귀 가방'이라는 말에 집착하는지 이해할 수 있었다.

아이는 때와 장소를 가리지 않고 울었다. 비행기 안에서 울기 시작했을 땐 초보 엄마 아빠는 긴장하며 아이를 안고 돌아다녔다. 사람 많은 데서 아이가 우는 게 얼마나 눈치 보이는 일인 줄 처음 깨달으며 벌써부터 육아에 지쳐갔다.

어찌어찌 도쿄 집에 도착했을 때 나는 경악을 금치 못했다. 출산 전 2개월, 출산 후 2개월 총 4개월 간 집을 비운 사이 남편이 집을 쓰레기장으로 만들어놨기 때문이다. 늘 바쁘고 피곤한 남편을 이해할 수는 있었지만, 깨끗하고 넓고 따뜻한 친정집과 비교하니 도쿄 집은 아기를 키울 곳이 못되었다.

나는 산후조리원에서 아기한테는 청결이 대단히 중요하며 주변 환경에 전부 소독약을 뿌려 감염을 방지하라고 들었다. 그래서 아기를 낳자마자 소독약 만드는 법부터 배웠던 나에게 도쿄 집의 환경은 너무 혹독했다. 일단 쌓인 먼지를 닦고, 이불을 전부 빨기 시작해서 그냥 보통 집 수준으로 만드는 데 꼬박 2주가 걸렸다. 결혼 후 남편에 대한 불신과 분노를 가장 크게 느낀 순간이었다.

그래도 내 살림, 내 생활을 할 수 있는 자유는 산후우울증 극복에 큰 힘이 되었다. 매일 조금 따뜻한 낮 시간에 아기와 산책을 했고, 슈퍼에서 그날 그날 먹을거리를 샀다. 삼시 세끼 미역국이 나오는 생활에서 벗어나 먹고 싶을 때 먹고 싶은 만큼만 먹으니 임산부의 통통한 몸에서 살도 조금씩 빠졌다.

도쿄의 거리는 그때 벚꽃 꽃망울이 분홍색으로 아름답게 맺혀 있었다. 아이와 새롭게 시작하는 도쿄 생활에 나는 의욕을 불태웠다.

아기를 키우는 일은 새롭게 도쿄 생활을 시작하는 것과 다름없었다. 밖에 나가면, 이제까지 한 번도 눈여겨보지 않았던 수유실과 기저귀 교환대가 있는 화장실을 찾으러 다녔다. 아기 용품을 일본어로 뭐라고 하는지도 모르고 사전을 찾아도 엉뚱한 표현이 나와서 물건 살 때 고생을 했다.

예를 들면 유모차는 일본에서 '베비카(ベビーカー)'나 '바기(バギ)' 등 영어 표현으로만 부른다. 한자어로 '우바구루마(乳母車)'라고 하면, 동물을 태우고 다니는 수레 같은 느낌이 들거나 할머니 같은 말투라고 했다. 아기의 성별을 물어보는 할머니들도 많았는데, 도련님이나 아가씨 같은 말도 평소엔 듣지 않던 말이라 낯설었다. 아이 '학자금 보험'이라는 말도 처음 들어서 한참 딴 얘기를 하다가 헤매기도 했다. 일본에 벌써 몇 년이나 살았는데 아직도 이렇게 모르는 말이 많다니, 아이를 키우면서 일본 문화에 한층 더 가까워지는 느낌이었다.

일본 사람들은 임신부, 아기 엄마에게 친절했다. 아기와 함께 있으면 어딜 가나 주목을 받았고, 양보와 배려의 대상이 되었다. 아이 엄마가 되어 발견한 일본의 친절함은 대중교통에서 느껴졌다. 전철역이나 건물에는 어다나 유모차와 휠체어가 오르기 쉽도록 많은 곳에 엘리베이터가 있고, 높은 턱이 없다. 버스는 계단 없이 그대로 유모차를 밀며 탈 수 있게 만들어졌고, 유모차나 휠체어를 세워놓는 전용 공간도 있다. 유모차가 미끄러지지 않게 벨트를 맬 수 있고, 손잡이도 아래에 달려 있다.

난폭한 운전으로 유명한 한국 시내버스와 달리 일본 버스는 노약자가 주로 이용하기 때문에 천천히 달린다. 내릴 때도 미리 문 근처에 가면 안 되고 반드시 정차한 후에 움직여야 한다. 운전기사는 유모차가 내릴 때까지 끈기 있게 기다려준다.

전철을 탈 때는 출퇴근 시간이 아닌 이상 유모차를 접지 않아도 되고, 낑낑거리며 유모차를 전철 안에 넣을 때 사람들의 도움을 많이 받았다. 일본 사람들은 말하지 않아도 엄마, 아이, 노인, 신체 부자유자에게 아낌없이 도움의 손길을 뻗는다.

<u>재난, 재해가 많은 일본에서는 아이와 여자 우선이라는 원칙이 늘 머릿속에 들어 있다. 유모차를 밀고 있으면 엘리베이터를 타고 내릴 때 버튼을 눌러주는 사람이 흔하다. 타인에 대한 배려가 몸에 배어 있는 사람들이 너무나도 많다.</u>

이런 환경에서 자란 우리 아이는 이제 엘리베이터에 먼저 탄 사람이 있으면 자연스럽게 기다리게 해서 미안하다는 의미로 '스미마셍'이라고 한다. 내릴 때도 마지막에 내리지 않는 이상 다른 사람보다 먼저 내려서 미안하다고 인사한다. 또 누가 타려고 할 땐 스스로 열림 버튼을 눌러주고 기다린다.

아무것도 아닌 듯하지만 나는 이런 매너와 배려심이 아이가 자라서 그 어느 나라에 가더라도 큰 도움이 되리라 믿는다. 전 세계 어딜 가나 일본인의 이미지는 '질서 정연하고 조용하고 친절한 사람들'인 것처럼 여기서 아이도 그런 매너를 익히고 세계로 나아갔으면 하는 것이 내 바람이다.

일본 엄마는
처음부터 독박 육아
32

일본에 살던 내가 한국에서 아기를 낳기로 결정한 것은 타국에서 출산과 육아를 혼자 감당하기 두려워서였다. 아무리 말이 통한다고 한들 100퍼센트는 아닐 테고, 만일 긴급 상황이 발생하거나 태어난 아이한테 문제가 생겼을 경우 외국인으로서 자국민과 똑같은 보호를 받을 수 있을까 의문이 들었다. 게다가 주변에서 듣는 일본 엄마들의 체험담이 신경 쓰였다.

예를 들면 무통 주사를 놓아주지 않는다거나, 아무리 아파도 소리를 지르면 안 된다거나, 응급 상황에서 받아주는 병원이 없다거나 하는 이야기는 출산을 앞둔 나를 더욱 불안하게 만들었다.

남편과 나는 임신 중에 일본의 출산 다큐멘터리를 몇 번이나 봤는데 소리 소리 지르며 아이를 낳는 사람은 한 명도 없었다. 다들 괴로운 표정으로 꾹꾹 참는 신음 소리만 내다가 아이를 낳았다.

실제 주변 일본 엄마들에게 물어봐도 출산할 때 소리를 질렀다는 사람은 없었다. 다른 입원자들에게 불안감을 조성하고, 자기에게도 도움이 안 되기 때문에 되도록 조용히 출산을 한다는 것이었다. '아니, 출산할 때는 제정신이 아닐 텐데 그런 생각까지 해야 한단 말야?' 평소에도 엄살이 많은 나는 분명 한국어로 고래고래 소리 지를 게 뻔했다. 결국 소리를 안 지르고 출산할 수 없다는 결론이 나왔다.

일본은 산후조리원이 흔치 않아 퇴원 후 바로 집으로 돌아와 혼자 육아를 시작해야 한다는 것도 또 하나의 부담이었다. 요즘은 일본에서도 부자 엄마들을 위해 고급 산후조리원을 만들고 있지만, 일주일에 250만~500만 원 정도로 비싼 편이라 일반인은 들어갈 꿈도 못 꾼다. 정부가 대부분 보조를 해주지만 출산 비용만 해도 자연분만이 300~400만 원, 제왕절개가 600~700만 원 하는 일본에서 조리원까지 예약할 수 있는 부자는 그리 많지 않다.

산후 도우미도 일반적이지 않고, 사전 신청을 통해 하루에 정해진 시간 동안 집안일을 도와주는 정도로 이용한다. 하루 종일 도와주는 도우미 서비스는 일주일에 150만~200만 원 정도의 비용을 지불해야 하는데, 타인을 집에 들이는 것을 싫어하는 일본 문화 특성상 그다지 선호하는 서비스는 아니다.

내가 사는 곳에서는 구청에 산후 도우미 보조 제도가 있어 더 싸게 이용할 수 있지만, 나 역시 모르는 사람한테 잔소리를 듣거나 집안일을 맡기는 게 꺼려져 한 번도 이용해본 적이 없다. 게다가 미리 신청하지 않으면 서비스를 받을 수 없어 갑자기 아이가 아프거나 볼일이 생겼을 때는 정작 도움을 받기 어렵다.

일본은 출산 후 병원 입원 기간이 한국보다 조금 더 길다. 자연분만을 하면 보통 4박 5일 입원 후 퇴원하고, 제왕절개를 하면 10일~15일 정도 입원을 한다. 이를 테면 입원 기간이 산후 조리인 셈이다. 하루에 두 번씩 속옷을 갈아입혀주고, 머리를 감겨주고, 피부 마사지를 해주고, 퇴원하기 전에 한 번은 호화 도시락이나 풀 코스 프랑스 요리를 대접하기도 한다. 몸조리 음식은 따로 없어 출산하자마자 빵이나 밥, 반찬, 가끔 스테이크 같은 메뉴가 나온다. 샤워나 냉난방 문화도 달라 전기장판을 켜지도 않고 바로 씻는 걸 보면 찬 기운을 피해야 한다는 의식이 별로 없는 듯하다.

하지만 이런 꿈같은 시간이 지나면 일상생활로 돌아가 육아며, 집안일이며, 모든 일을 엄마가 맡는다. 일본에도 육아 휴직 제도가 있어 최대 1년 동안 임금의 약 50퍼센트를 받으며 아빠가 육아를 도울 수 있지만, 남편이 그런 좋은 회사에 다닐 확률은 높지 않다. 일본은 세계에서도 손꼽힐 만큼 노동 시간이 길고 일을 열심히 하는 분위기라서 보통 샐러리맨이라면 일찍 퇴근해서 저녁 식사를 함께하는 것조차 힘들다.

그래서 보통 일본 남편들은 아내가 출산하면 3~5일 정도 출산 휴가를 받고 그 후에는 회사 눈치를 보며 유급 휴가를 쓴다. 가혹한 일본 회사에 다니는 우리 남편도 내가 일본에서 출산할 경우 받을 수 있는 휴가는 최대 일주일뿐이었다. 남편은 중국에서 시어머님이 와줄 수도 없고 친정엄마가 와 줄 수도 없는 우리 상황을 잘 이해하고 있었다. 그리고 미지의 세계인 첫 아이 출산에 걱정이 많아 한국에서 낳을 것을 권했다. 그리고 기꺼이 내가 없는 4개월 동안 혼자서 밥을 해 먹으며 집을 지켰다.

일본은 중국이나 한국처럼 부모님이 적극적으로 육아를 도와주는 경우가 드물다. 지방이나 농촌이라면 몰라도 도쿄 같은 대도시의 경우에는 아무리 부모와 자식 사이라도 철저히 사생활을 존중하는 편이다. 내가 아는 일본 새댁들도 시댁이 먼 경우는 1년에 한 번 찾아 뵙는 정도이고, 시댁이 가까운 경우에는 일주일에 한 번 식사를 하는 정도이다. 물론 출산 직후에는 친정어머니가 와서 산바라지를 하는 사람도 있지만, 서로 각자의 생활이 있다는 전제하에 시간을 정해서 도와주는 경우가 많다.

맞벌이 부부의 경우는 최대한 보육 시설에 아이를 맡기고 가끔 조부모님에게 등하원을 부탁하거나 아이가 갑자기 아플 때 맡기는 정도다. 일본 보육 시설은 맞벌이 부부, 특히 일하는 시간이 긴 정규직일수록 유리하고, 육아를 도와줄 조부모가 있을 경우 감점 대상되기 때문에 더욱 조부모의 육아 참여가 적다.

또한 일본에서는 시부모님이나 친정 부모님이 결혼한 자녀의 집에 방문할 때도 사전에 연락을 해서 스케줄을 조정한다. 갑자기 방문할 일이 있더라도 되도록 식사 시간을 피해 차 한 잔 마시는 것 정도로 끝낸다. 갑자기 찾아와서 시간을 방해하거나 식사를 차려야 하는 것은 가족끼리라도 실례라고 생각하기 때문이다. 부모님과 같이 사는 경우가 아니면 부모님이 집에서 계속 아이를 봐주거나 식사를 준비해주거나 집안일을 도와주는 경우도 드물다.

내가 아는 일본 사람은 근처에 사는 시어머니가 가끔 연락 없이 찾아와 초인종을 누르는 것이 굉장한 스트레스라고 했다. 그리고 나중에 시댁에 들어가야 할 상황이 생기면 시부모님 집 옆에 새 집을 하나 지어 들어가는 것으로 합의를 봤다.

그래서 일본에서는 서투른 초보 엄마라도 육아는 고스란히 엄마 몫이 된다. 출산을 한 뒤 출생 등록을 하고 나면 구청에서는 초보 엄마들을 위한 육아 가이드북을 선물하고, 육아 상담원을 집으로 보내고, 상담창구를 마련하는 등 여러 가지 사회 복지 제도가 마련되어 있다. 또한 손에 익지 않은 육아에 어머니가 정신적인 스트레스를 받지 않았는지 계속해서 확인하는 채널도 있다.

나는 아기를 낳고 일본에 돌아와서 몇 번이나 "육아가 힘듭니까? 조언을 해줄 사람이 있습니까?"라는 질문을 받았다. 그때 힘들다고 대답하면 다짜고짜 카운슬링을 시작하기 때문에 오히려 귀찮아졌다. 아이의 6개월, 1년, 1년 6개월, 2년 정기검진 때마다 병원에서는 늘 "육아가 힘듭니까?"라는 질문을 하며 엄마의 정신 상태를 계속 체크한다.

일본도 아기가 태어난 뒤 약 3개월 정도는 외출을 삼가는 편이라 그런 아기 엄마들을 위해 발달한 시스템이 '생협(生協)'이다. 일주일에 한 번 정해진 날과 시간에 일용품 및 반조리 식품을 배달해주는 서비스다. 인터넷 쇼핑과 다른 점은 정해진 날에만 오는 불편함 대신 일주일 전에 예약 주문하는 시스템이기 때문에 산지에서 직송하는 신선한 채소, 우유나 달걀, 데우기만 하면 먹을 수 있는 반조리 식품을 집에서 받을 수 있다. 아기 기저귀나 물티슈, 엄마 옷이나 구두까지 여러 품목을 취급하고 있어 집 밖으로 한 발짝 나가지 않아도 생활이 가능하다. 내 주변의 많은 엄마들이 이 서비스를 이용하고 있는데, 실제로 아기 낳고 세 달 이상 한 번도 외출하지 않았다는 사람도 있었다.

세계 어느 나라 사람이든 엄마가 되면 강해지지만, 일본 엄마들은 여러 가지 면에서 참을성이 많고 더 강해지는 것 같다. 누군가의 도움을 받지도 않을뿐더러 받으려고도 하지 않는다.

어쩌면 이런 환경 때문에 산후 심각한 우울증을 겪는 엄마가 많고, 그로 인해 발생하는 자녀 학대 문제가 늘어나고 있는지 모르지만 말이다.

아이가 먼저인 일본의 외식 문화
33

　남편은 주 6일 도시락을 싸가지고 출근한다. 물론 도시락은 내가 싸는데, 남편의 요구에 따라 채소 볶음을 가득 넣고 나머지는 적당히 영양 밸런스나 색깔을 맞춰서 만들고 있다. 고기를 좋아하는 남편이지만 균형 잡힌 식단을 중요하게 생각하는지라 채소가 별로 없는 도시락이나 냉동식품으로 채운 날은 꼭 반찬 투정을 한다.

　그도 그럴 것이 일본 텔레비전에서 각 나라의 채소 섭취율을 조사한 결과 중국이 독보적인 1위를 차지했다. 세계 3대 요리로도 손꼽히는 중국 요리는 넓은 땅덩이에서 재배하는 값싼 채소를 듬뿍 사용해 다양한 조리법을 즐기기 때문이다.

　중국 요리는 반드시 모든 재료를 볶거나 찌거나 삶거나 해서 먹는데 음식의 청결함 등을 걱정해서 무조건 가열해 먹는 것 같다. 우리 시부모님은 샐러드도, 생선회도, 생채소도 안 드신다. 남편도 배탈에는 늘 주의를 기울여 생굴을 매우 좋아하면서도 무서워서 익혀 먹는다고 했다.

그래서 그런지 남편이 해주는 요리는 늘 볶는 소리로 시작한다. 먹고 나서 주방에 들어가 보면 식용유는 반쯤 줄어 있고, 여기저기 기름 흔적이 있어 나를 한숨 쉬게 만든다. 배탈에 민감한 남편의 특성상 도시락에 샐러드나 나물, 무침류는 넣을 수 없다. 매일매일 완벽히 가열한 채소 볶음을 싸야 하고, 물기가 생기지 않도록 전분 가루를 푼 물로 양념을 굳혀야 한다.

처음에는 중국 요리가 어렵게 느껴지고 까다로운 남편 입맛에 짜증을 냈지만 몇 년 계속하다 보니 이제는 눈감고도 도시락을 쌀 수 있게 됐다. 이렇게 도시락과 집밥으로 6일을 보내고, 맞벌이 부부인 우리는 일주일에 한 번 외식을 나간다. 아이가 태어나기 전에는 둘 다 술과 고기를 좋아해 밤늦게까지 고깃집에서 술잔을 기울이곤 했다. 아이가 태어난 후에는 위험한 화로가 있는 고깃집은 물론 저녁 외출도 거의 못했다. 아무리 휴일이라도 오후 6시면 아이에게 밥을 먹이고 7시 반에 목욕을 시킨 후 재워야 하는 매일의 리듬이 생겼기 때문이다. 그래서 일주일에 단 한 번뿐인 소중한 점심 외식은 우리 가족 모두가 기다리는 이벤트다.

초밥, 우동, 라멘, 튀김, 샤브샤브 등 일본은 잘 알려진 대로 맛있는 음식이 넘치는 나라다. 처음 일본에 왔을 때는 특유의 일본 간장 냄새를 싫어해서 입에도 못 대는 음식이 많았지만, 10여 년이 지난 지금은 먹는 재미로 산다고 할 만큼 일본의 음식 문화를 즐긴다. 일본 음식은 전통 일식뿐만 아니라 세계 각 나라의 음식을 일본 스타일로 잘 살리고 있기 때문에 매력적이다. 라멘이나 카레의 원조는 따로 있지만 일본이 더 유명해진 것처럼 일본인들의 응용력은 정말 뛰어난 것 같다.

한류 붐이 불고 한국 음식이 건강식과 미용식으로 인기를 끌기 시작하면서 일본에서도 심심치 않게 한식 메뉴가 나오기 시작해 어느 마트에 가나 김치, 비빔밥 세트, 김, 신라면, 떡볶이, 순두부찌개 양념 등을 팔고 있다. 프라이팬 하나로 뚝딱 만들 수 있는 인스턴트 잡채나 두부만 넣으면 완성되는 순두부찌개 국물 등이 팔리는 것을 보면 뭐든지 일본 스타일로 잘 바꾼다는 생각에 혀를 내두르게 된다.

먹는 것을 좋아해서 가끔 한중일의 음식 스타일에 대해 생각해볼 때가 있는데, 한국 음식이 씹는 맛을 즐기고 갖은 양념의 조화를 중요시한다면 중국 음식은 상상할 수 없이 많은 식재료를 이용한 다양한 조리법이 특징이다. 일본 요리는 입안에서 녹는 맛을 즐기고 재료 고유의 맛을 살리는 걸 좋아하는 것 같다.

일본 외식 문화에 대해서도 할 말이 많은데, 편의점 음식조차 선택의 폭이 넓고 놀라울 정도로 맛있다. 그래서 직장인이나 학생들이 편의점에서 식사를 전부 해결하는 경우도 있다.

물론 과거에는 방부제 소동도 있었고, 편의점 음식만 사 먹다 보면 미각이 점점 둔해진다는 보도도 심심찮게 나오는 등 편의점 음식은 건강에 나쁘다는 인식이 널리 퍼져 있다. 하지만 일본 편의점은 위생 관리나 유통 기한 관리도 철저하고 끊임없이 신메뉴를 내놔서 손쉽게 높은 퀄리티의 맛을 즐길 수 있는 것만은 사실이다.

나도 학생 때는 매일이다시피 편의점에 들러 삼각김밥, 오뎅, 치킨을 사 먹었다. 요즘은 케이크 종류도 워낙 맛있게 나와서 케이크가 먹고 싶으면 일단 편의점에 들른다. 결혼하고 난 후에는 모두가 같이 먹을 수 있는 음식을 챙기다 보니 점점 편의점에 갈 일이 없어졌지만, 이따금 일본 삼각김밥의 바삭한 식감과 집에서는 흉내조차 낼 수 없는 깊은 오뎅 맛이 생각나곤 한다.

일본 외식 문화에서 빠질 수 없는 것이 무한 리필 식당이다. 가난한 유학생 시절 일주일에 한 번 큰맘 먹고 가는 샤브샤브 무한 리필 가게의 감동이란 이루 표현할 수 없을 정도였다. 흔한 샤브샤브뿐 아니라 술, 초밥, 고기, 스테이크, 피자, 빵, 파스타 심지어는 케이크 무한 리필 전문점까지 있어 마음만 먹으면 언제든 배불리 먹을 수 있었다.

유학생 시절에는 매주 새로운 무한 리필 가게를 찾아가는 것이 취미였을 정도로 많은 가게를 순례했다. 일본에서 이렇게 무한 리필 음식점이 성황을 이루는 것은 일본인들의 식습관 덕분이 아닐까 한다.

음식을 남겨야 잘 먹었다는 뜻인 중국과 다르게 일본은 주어진 음식을 깨끗하게 비우는 것이 예의다. 그래서 아무리 뷔페나 무한 리필이라 하더라도 식탁 위를 깨끗하게 비운다. 먹을 만큼만 덜고 남김 없이 먹는 일본 손님의 특성상 무한 리필이나 뷔페가 큰 손해를 볼 일은 없을 것 같다.

외식할 때 주변의 가족을 봐도 엄마가 아이에게 "음식을 남기지 말고 깨끗하게 비워라"고 하고, 아무리 뷔페라도 너무 많은 접시나 컵을 사용하지 않으며 테이블을 깨끗하게 치워놓고 나간다. 빈 그릇은 점원이 치우기 쉽도록 사이즈별로 모아서 포개놓고 쓰레기나 젓가락 등도 한군데 잘 모아 놓는다.

테이블마다 냅킨이 놓여 있지만 대부분의 일본 사람은 손수건이나 개인 타월을 가지고 다니기 때문에 냅킨이나 쓰레기가 많지 않은 것도 특징이다. 여러 명이 먹고 나가도 휴지 한 장 보이지 않는 말끔한 테이블. 그런 분위기에서 자란 아이들도 어렸을 때부터 자기 자리에 앉아 자기 몫의 요리를 깨끗하게 비우는 습관을 가지고 있는 것 같다.

내가 아이 엄마가 되고 나서 감탄한 일본의 외식 문화 중 하나는 많은 식당에 어린이 메뉴와 아이 의자가 있다는 것이었다. 패밀리 레스토랑은 물론 대중 식당이나 중국 음식점에 가도 아이 식기를 따로 차려준다. 처음에는 어차피 1인분을 제대로 먹을 수도 없는 아이에게 어린이 메뉴를 시키는 게 의아했는데 어렸을 때부터 가족의 일원으로 인정하고 서로 각자의 몫을 먹는 습관을 들이기 위해 그런 것 같다.

어린이 메뉴는 어느 식당이나 대개 비슷한데 햄버거스테이크나 닭튀김, 소시지, 감자튀김, 밥 그리고 젤리나 아이스크림 등의 후식과 주스 등으로 구성되어 있다. 밥이나 햄버거스테이크에는 귀여운 깃발이 꽂혀 있고, 아이들이 좋아할 만한 캐릭터 식도구를 사용한다.

요즘 한국에서는 일부 매너 없는 아이 엄마들을 비판하고, 만 5세 미만 아이의 동반을 금지하는 '노 키즈 존'이 늘어나고 있다는 뉴스를 봤다. 일본 역시 일부지만 아이와 동반할 수 없는 레스토랑이 있다. 보통 점심시간에는 가능하고 저녁에만 안 받기도 하는데, 손님들이 기념일이나 프로포즈 등 분위기가 중요한 저녁 식사를 즐길 수 있도록 하기 위해서다. 그래서 보통 분위기 있는 레스토랑에 갈 때는 아이 동반이 가능한지 사전에 문의를 하는 것이 좋다. 만일 동반이 가능한 경우에도 아이의 알레르기 대책 등 별도 세팅이 필요하기 때문에 사전 연락은 필수다.

또 연령 제한이 철저해 미취학 아동은 데려갈 수 없는 공연도 많다. 수영장이나 온천은 기저귀를 해야 하는 아이들을 철저히 가려 입장을 제한한다. 게임 센터도 오후 6시 이후에는 부모를 동반하지 않은 아이는 입장할 수 없다. 아직 어린 아이를 키우는 부모들은 이런 식당 매너나 공연 문화를 존중하는 편이다. 이는 아이 동반 식당이나 공연이 많기 때문에 특별히 불편을 못 느껴서 그런 것도 같다.

일본 식당에 가서 주문을 하면 대개 점원이 "음료는 뭘로 하시겠습니까?"라고 묻는데, 음료 주문은 강요가 아니지만 메뉴와는 별도로 음료를 따로 한 잔 시키는 것이 매너라고 생각한다. 그래서 술을 못하는 사람도 음료수 한 잔은 꼭 시키고 건배를 한다.

식사 후에는 커피나 아이스크림, 푸딩 등 후식을 따로 시키는 경우가 많은 것도 특징이다. 그래서 일본의 어린이 메뉴 구성은 어른들과 똑같이 음료 하나, 식사, 후식을 제공한다. 따라서 아이들은 어른과 같은 속도로 식사를 하며 똑같은 대접을 받아 만족하게 된다. 식사가 한꺼번에 나오지 않고 따로 따로 나오더라도 기다렸다가 같이 젓가락을 드는 게 매너이고, 특별히 조금씩 맛보고 나눠 먹고 싶어하는 경우가 아니면 그냥 자기 몫만 열심히 먹는 것도 특징이다.

내가 늘 감탄하는 부분은 아이 메뉴를 따로 시키면 되도록 아이 것을 먼저 가져다주는 식당이 많다는 점이다. 간혹 아이 메뉴가 늦게 나오는 경우도 있는데, 그러면 아이는 지루해하고 뭔가 딴짓을 하려고 한다. 아이가 배고파 하는 경우는 어른 메뉴를 같이 나눠 먹거나 해야 하는데, 그러면 정작 아이 메뉴가 나왔을 때는 남기기 일쑤다.

하지만 센스 있는 대부분의 식당에서는 아이 메뉴를 먼저 가져다줘서 아이 기분을 좋게 하고, 부모도 편하게 아이를 먹이고 나서 자신의 몫을 먹을 수 있어 마음의 여유가 생긴다. 외식뿐만 아니라 아이 엄마가 되고 나서야 보이는 일본의 세심한 서비스가 많이 있다. 아니면 아이 엄마가 되고 나서 사소한 것에도 더 잘 감동하는 사람이 된 것일지도 모르겠다.

한국 며느리,
중국 시댁에 가다
34

일본 생활이 길어지면서 나도 이제 일본 문화에 익숙해졌다고 생각했을 때, 남자친구였던 지금 남편을 따라 처음 중국에 가게 됐다. 나는 중국인 남자친구를 사귀고 있었지만 중국에 대해 무지했다. 중국에 별로 관심이 없던 터라 주변 사람들로부터 "중국에 갔더니 화장실이 너무 더럽더라"라든지 "음식이 입에 맞지 않아 토할 뻔했다" 등 주로 안 좋은 이야기를 많이 들어 나쁜 인상을 가지고 있었다.

그래서 좀처럼 중국에 가고 싶다는 생각을 하지 않았는데, 결혼을 결정하면서 그의 부모님을 만나 뵙고, 중국 생활도 경험하고 싶었다. 남편의 고향은 상하이인데, 중국 내에서도 경제적으로 가장 발달한 대도시인 데다 외국인이 많이 사는 도시라 조금 나을 거라는 기대는 있었다. 그리고 첫 상하이 나들이. 외아들이 결혼할 여자와 함께 고향에 돌아온다고 하니 아직도 현역으로 일하는 부모님들은 휴가를 내고 공항에 마중 나왔다. 십수 년

전 일본에서 산 경험이 있는 부모님은 따뜻한 일본어로 나를 맞이했다.

택시 안에서 바라보는 상하이 풍경은 대도시 그 자체였다. 도로는 넓고 건물들은 높고 컸다. 마천루를 실감하게 했다. 그렇지만 경치에 감탄할 틈도 없이 난폭한 택시 운전에 나도 모르게 손잡이를 움켜쥐고 말았다. 택시는 고속도로에서 깜빡이도 켜지 않고 끼어들었다. 사고가 나지 않는 게 용할 정도로 차 간격도 좁았다. '아, 이 나라에서 운전하는 것은 꽤 용기가 필요하겠다'고 생각하면서 한 시간 내내 마음을 졸였던 기억이 지금도 생생하다.

집에 도착했을 땐 놀랄 일이 더 많았다. 아버지는 신발을 신은 채 성큼성큼 거실로 들어섰다. 집 바닥은 대리석 같은 돌을 깔았는데 다들 신발을 신고 있었다. 늘 신발을 벗고 실내에 들어가 두 다리 쭉 뻗고 누울 수 있는 환경에서 살다가 중국에 가니 왜 그렇게 불편하고 더러운(?) 느낌이 드는지 앉지도 서지도 못하고 어정쩡한 자세로 있었다.

어머니는 그런 나를 보고 웃으며 신발을 신고 있어도 되고, 불편하면 갈아 신으라며 친절하게 직접 만든 빨간색 슬리퍼를 내주었다. 뜨개를 하듯 짜서 만든 슬리퍼로 남편 것은 검정색, 내 것은 빨간색이었다. 갈아입으라며 준 잠옷은 '알콩달콩'이라는 한글이 쓰여 있는 귀여운 캐릭터 상품이었다. 나를 생각하며 한글 잠옷을 골랐을 어머니 생각에 나도 모르게 빙긋 웃음이 나오며 긴장이 풀렸다.

부모님은 잠깐 방문하는 우리를 위해 가구며 이불, 잠옷과 목욕 타월과 칫솔까지 완벽하게 준비했다. 특히 어머니는 손재주가 좋아 슬리퍼뿐 아니라 매트 등도 직접 만들어 선물했다. 2년 후 내가 임신 소식을 전했을 때는 우리 아이뿐만 아니라 조카들 옷까지 몇 벌이나 만들어주었다. 음식 솜씨도 좋아 "뭘 먹고 싶니?"라고 물어보는 게 아니라, 먹고 싶은 식재료만 말하면 척척 만들어주었다.

화장실도 감동이었다. 중국에서는 보통 화장실 휴지로 까끌까끌한 재생지를 써서 나도 괜찮다고 했는데, 어느새 예비 며느리를 위해 크리넥스를 준비하고, 화장실에 한국 상표 비데를 설치했다. 또한 중국 음식이 입에 맞지 않을까 걱정해 김치에 흰 쌀밥도 지어놓았다.

나중에 알았는데 남편이 우리가 도착하기 전에 미리 부모님께 이것저것 코치했다고 한다. 이런 귀여운 가족이 어디 또 있을까. 문화의 차이는 있어도 따뜻한 마음과 배려를 듬뿍 받은 나는 이런 부모님이라면 가족이 되어도 좋겠다고 처음으로 마음 깊이 느꼈다.

중국 사람들은 타인에게는 불친절할지 모르지만, 가족과 지인들에게는 한없이 친절한 사람들이라는 것도 알았다. 나중에 할머니 댁에도 들르고 고모님, 작은 아버지 등과도 모임이 있었는데, 할머니는 맛있는 것을 사 먹으라며 주머니에서 꼬깃꼬깃한 돈을 꺼내주기까지 했다.

다만 가족 모임에서 제일 견디기 힘들었던 것은 남자들의 인사가 담배로 시작해 담배로 끝난다는 것이었다. 남편이 중국에 갈 때면 일본 담배와 고급 중국 담배를 몇 보루나 구입하기에 몸에 안 좋은 걸 왜 선물하나 싶었는데, 해외에 나갔다가 돌아갈 때 인사로 고급 담배를 건네는 게 예의인 것 같았다. 반갑게 인사를 하자마자 서로 담뱃불을 붙여주기 시작하니 실내는 이내 담배 연기로 꽉 차버렸다.

결혼식 때도 신랑 신부가 하객들 한 사람 한 사람에게 담뱃불 붙여주고 덕담을 받았다. 심지어 우리 아이가 태어나 설날에 인사드리러 갔을 때도 담배 연기가 자욱했다. 길거리에도 담배 피우는 사람들이 여기 저기 있고, 택시를 타도 담배 냄새로 찌들어 있으니 하루 종일 담배 연기와 마주해야 했다. 시어머니와 대부분의 여자는 비흡연자였지만, 아무도 이런 상황에 불만을 이야기하지 않는 듯했다. 비흡연자와 아이에게 너무나도 가혹한 담배는 내가 가장 참을 수 없는 중국 문화였다.

굳이 담배 때문이 아니라도 중국의 대기 오염은 지독하다. 2010년 상하이 엑스포 때는 외출했다 돌아오면 옷과 신발에 먼지가 뽀얗게 쌓이고 목이 따끔따끔해서 큰 충격을 받았다. 공사장의 먼지가 솟아올라 상하이의 관광 명소 푸동 건물들은 모두 잿빛이고, 하늘조차 늘 뿌옇게만 보였다.

수질 오염도 대기 오염만큼이나 늘 신경 쓰이는 부분이다. 시어머니는 중국의 수돗물은 믿을 수 없기 때문에 수돗물로 씻은 채소를 생으로 먹어서는 안 되며 생수도 유명 브랜드만 사 먹어야 한다고 강조한다. 심지어 손녀에게 주는 신선한 딸기도 그냥 수돗물이 아닌 소금물로 씻는다. 수돗물이 얼마나 위험한지는 모르겠지만, 수돗물에 대한 중국인들의 불신을 실감할 수 있는 대목이다.

<u>한국 부모님과 중국 부모님은 우리가 화산과 지진이 많고 방사능이 걱정되는 나라에서 산다고 늘 걱정한다. 하지만 밖에서 보면 중국은 식품 안전 문제와 환경 오염 문제로 늘 시끄럽고, 한국은 북한과의 긴장 상태 또는 각종 안전 사고로 위험하다. 100퍼센트 안전하고, 100퍼센트 좋은 환경의 나라란 없다.</u>

결국 우리가 어느 나라에 살든 부모님들의 걱정은 끊이지 않을 것이고,

선택은 우리 자신이 내려야 한다. 중국 남편과 한국 부인의 일본 생활. 많은 사람이 우리에게 왜 일본에서 사느냐고 묻지만 큰 이유는 없다. 그냥 일본 생활이 익숙하고 편하기 때문이다. 아이에게도 우리 부부가 경험한 일본을 느끼게 해주고 싶고, 어린 시절의 일본 예절 교육이 조금은 도움이 되었으면 좋겠다고 생각한다.

중국 대륙의
육아 쇼크
35

　우리 아이가 '한국 국적'이라고 말하면, 사람들은 남편 쪽에서 반대하지는 않았는지 궁금해한다. 남편이나 시부모님의 속내가 어땠는지는 잘 모르겠지만, 출산 전부터 우리는 아이 국적을 한국으로 하기로 했고 시부모님도 그렇게 하라고 허락했다.

　중국 시부모님은 생각이 유연하고, 늘 우리 선택을 존중해주는 편이라 원칙이나 강요를 들은 적이 한 번도 없다. "중국 교육을 받으려면 중국 국적이 좋을지도 모르겠다"라고 한마디 하긴 했지만, 그 이후로는 국적에 대해 아무런 언급도 한 적이 없다. 내가 한국 출산을 택했을 때도 시부모님은 "우리가 해야 할 일인데 친정 부모님께 죄송하구나"라며 오히려 미안해했고, 아이를 보육원에 맡기고 출근하는 것에 대해서도 "네가 고생이 많다"며 늘 격려해주었다.

　중국은 아이를 낳으면 보통 양가 부모님이 육아를 전담하고 젊은 부부는 맞벌이를 하는 게 대부분인데, 두 분의 눈에는 일과 육아를 병행하는 한국 며느리가 늘 안쓰러운 모양이다. 실제로 중국 상하이에서 아이를 키우고 있는 친구 이야기를 들어보면 젊은 여자가 아이를 키우고 있는 것을 보면 중국 사람들은 베이비시터로 생각하거나 부모님이 안 계신지 궁금해한다고 한다.

내가 1년에 한 번 중국에 가서 봐도 대낮에 놀이방에 오는 아이들은 할머니 할아버지와 함께인 경우가 많다. 아이들은 놀이방에서 뛰어 놀고 할머니 할아버지는 그걸 지켜보며 테이블에서 간단히 점심을 떼우거나 지루한 듯 꾸벅꾸벅 조는 모습을 흔히 볼 수 있다.

나는 아이와 함께 놀이방에서 같이 놀아주거나 다치지 않도록 미끄럼틀에서 잡아주곤 했는데, 그때 다른 아이들까지 몰려와 같이 놀아달라며 손을 잡아 끌어 곤란했던 적이 몇 번이나 있었다. 할머니 할아버지는 늘 지켜보기만 하니까 누군가 같이 놀아주는 사람이 있는 우리 딸이 재미있어 보였던 모양이다. 말도 통하지 않는데 자꾸 잡아끄는 아이들을 보면서 중국 아이들은 외롭지 않을까, 부모의 사랑이 부족하지는 않을까 걱정스럽기도 했다.

그렇지만 중국의 육아 스타일은 오랫동안 맞벌이에 맞춰져 있어 중국 사람들은 전혀 이상하게 생각하지 않는 것 같다. 남편의 이야기를 들어봐도 어렸을 때부터 탁아소 등에서 공동 생활을 했다고 한다. 또한 내가 처음 모유 수유를 한다고 했을 때, 시어머니가 놀란 토끼눈을 하며 "네가 모유 수유를 하겠다고? 일하는 엄마는 당연히 분유지"라고 하셨던 것을 잊을 수 없다. 중국에서 아이는 '보배'라고 부를 정도로 귀중한 존재이지만 아기 엄마는 육아에서 자유롭고, 젊은 부부는 당연한 듯 자기 시간을 보낸다.

결혼 전부터 시부모님이 "아이는 우리가 키워줄 테니, 젊은 너희들은 인생을 즐기렴" 하고 말씀하신 것은 빈말이 아니었다. 손녀가 끔찍하게 예쁘긴 하지만 자신들의 노후 인생도 있으니 '맡아서 키워주지는 못한다'고 잘라 말씀하신 친정 부모님과 사뭇 대조적이었다.

임신 전에는 이런 시부모님이 참 고마웠고, 일을 계속하고 싶었던 나는 '시부모님께 한동안 아이를 맡겨볼까?'라는 생각도 했지만, 막상 아이를 낳고 나니 마음이 달라졌다. 열 달 동안 소중하게 배 속에 품고 있던 아이를 시부모님께 건네줄 수는 없었다. 낳은 정보다 기른 정이라고 하지 않던가. 하루라도 아이를 떼어놓으면 불안해서 나는 결국 직접 육아를 책임지겠다고 시부모님께 선언해버렸다.

몇 년이 지난 지금까지도 시부모님은 우리의 선택을 존중하지만 여전히 '사서 고생한다'고 생각한다. 하지만 만약 아이를 보냈더라면 중국 아이로 커서 분명 엄마와 소통이 어려웠을 테고, 엄마의 사랑도 깊이 느끼지 못했을 것이라고 생각한다. 비록 잘 못 키우더라도 내 아이는 내가 책임져야 할 몫이라고 생각하는 나와 중국인들의 생각은 많이 다를지도 모르겠다.

또 하나 중국 육아의 독특한 점은 아이를 위한 시설이 굉장히 발달했다는 것이다. 2015년 11월 중국은 35년간 유지해온 '한 가정 한 자녀 정책'을 폐지하고, 두 자녀 정책을 도입한다고 발표했다. 2013년에 부부 한쪽이 외동인 경우는 두 자녀를 허용하는 완화 정책을 실시했지만 완전한 한 자녀 정책 폐지는 충격적인 발표였다. 나는 외국인이라 그리 큰 감흥은 없었지만 남편과 시부모님은 은근히 반기는 눈치였다.

아무리 두 자녀 정책이 시작됐다고 해도 35년간 실시한 산아 제한 정책으로 아이들은 정말 귀한 존재가 되었다. 상하이에는 시내 어느 쇼핑몰에 가나 아이 놀이방이 있고, 0세부터 다니는 영어 교실 및 학원이 있다. 어느 쇼핑몰에는 아이 놀이방 옆에 아기 스파도 있었는데, 아기들이 목에 튜브를 끼고 1인 전용 욕조에 들어가 자유롭게 헤엄을 쳤다. 어른들은 아기 한 명에게 달라붙어 시중을 들고 있는 듯한 광경. '아이는 왕'이라는 것을 실감할 수 있었다.

또한 귀한 아이의 건강을 걱정해서 그런지, 옛날에는 난방이 부족해서 그런지 아이들을 꽁꽁 싸서 키운다. 아이와 처음 시댁에 갔을 때 시어머니는 "애기 춥다. 옷 입혀라"며 자꾸 양말을 신기려 했다. 처음에 옛날 분들이라 그런가 보다고 생각했는데, 남편도 아침에 일어나면 우선 "아기 양말을 신겨야 한다", "옷을 더 입혀야 한다"고 잔소리를 해대는 걸 보니 육아 관습의 차이인 듯했다.

시어머니 말씀에 의하면 중국에서는 감기가 발에서부터 들어온다고 생각해 옛날부터 발을 따뜻하게, 옷을 두툼하게 입히는 걸 당연시했다고 한다. 요즘처럼 난방이 잘되는 시대에도 시어머니가 선물해준 아기 옷은 솜이 두툼하게 들어가거나 털실로 짠 게 대부분이다. 한국도 아이를 따뜻하게 기르는 편이고 감싸는 것을 좋아하지만 중국은 그 한 수 위라는 것을 실감했다.

그와 반대로 일본은 아이를 오히려 춥게 기르는 것이 좋다고 여기는 편이라 양말도 잘 안 신긴다. 게다가 내가 시어머니께 선물받은 털옷을 아기에게 입힐 때마다 "이런 건 땀 흡수도 안 되고, 너무 더울 것 같다"라는 충고를 몇 번이나 들었다.

  국제결혼을 하는 순간부터 문화의 차이는 각오했지만 육아에도 이런저런 인식의 차이가 있다 보니 초보 엄마는 늘 혼란스럽고, 한중일 삼국 문화 속에서 늘 좌충우돌이다.

  둘째를 낳으면 좀 익숙해지려나.

일본 아빠는 권위가 있다
36

일본 사람들은 내가 결혼했다고 하면 당연하다는 듯 "남편분은 한국 사람이죠?"라고 묻는다. 그리고 내가 "아뇨. 중국 사람이에요"라고 대답하면 우선은 깜짝 놀란다. 한국 사람과 중국 사람이 일본에서 만나 결혼해 일본에서 살고 있다니 좀 별나게 느껴지나 보다. 하지만 이어 남편의 출신을 묻고 내가 상하이 출신이라고 답하면, "중국 상하이 남자는 그렇게 자상하고, 집안일도 다 해준다면서요? 좋겠어요!" 하며 으레 인사치레를 한다.

이처럼 중국 남자 중에서도 특히 상하이 남자는 가정에 충실하고 여자에게 잘해준다는 인식이 일본에 널리 퍼져 있는 것 같다. 처음에는 인사치레라도 듣기 좋았는데, 계속 듣다 보니 '자상한 남편 덕에 나는 집안일 걱정 없이 편하게 일하고, 해주는 밥을 얻어 먹는다고 생각하는 것일까?'라는 의문도 들고, 실제로 다른 상하이 출신 남편들은 그렇게 자상한 걸까 궁금했다.

결론부터 말하자면 상하이 출신 남편은 집안일을 도맡아 하지 않는다. 오히려 식사, 빨래, 청소 등 내가 챙겨주면 챙겨줄수록 좋아하고 요즘은 그걸 거의 당연하게 받아들인다. 이건 내가 남편을 잘못 길들였기 때문이 아니라 원래 그런 스타일로 자랐기 때문인 것 같다.

우리 시댁은 시어머니가 모든 집안일을 도맡아 한다. 아무리 늦게 잠자리에 들었어도 새벽 5시면 일어나 세탁기를 돌리고, 집안 청소를 하고, 빨래를 널고, 강아지 산책을 시키고, 본인의 아침 식사도 끝낸다. 시아버지도 6시면 일어나지만, 본인 방에 들어가 컴퓨터를 만지거나, 라디오를 듣거나, 텔레비전 뉴스를 시청하는 게 전부다.

우리 부부로 말할 것 같으면, 느즈막히 일어나 어머니가 차려준 아침밥을 먹고 씻는다. 그래도 명색이 며느리인데, 당연히 시어머니 행동에 신경이 쓰여 처음에는 부엌에서 달그락 소리가 나자마자 옷을 갈아입고 나가 "뭘 도와드릴까요?"라고 물었다. 그러나 시어머니가 늘 "더 자라. 이건 내 일이다"라고 몇 번이나 말씀해서 결국 지금까지 아무것도 하지 않는 며느리로 있다. 며느리도 손 하나 까딱 안 하게 하는 시어머니다 보니, 남편 역시 적극적으로 집안일을 해야겠다는 생각을 하지 않는다. 시댁에 갈 때마다 눈치가 보여 남편에게 "어머니 좀 도와드려. 내가 뭘 하면 될까?"라고 물어보지만 남편은 "괜찮아. 우리 어머니가 다 하시니까. 아무것도 안 해도 돼. 어머니는 그런 분이야"라고 대답할 뿐이다.

한국의 시집살이를 생각하면 나는 정말 축복받은 며느리다. 하지만 한국 며느리들이 그렇듯 아무리 잘해줘도 시댁은 시댁인지라 마음이 불편해서 늘 좌불안석이다. 이런 집안에서 자란 남편이다 보니 아무리 중국 상하이 출신 남자라 해도 받는 것에 더 익숙하다. 알아서 집안일을 해주리라고는 상상도 못하고, 부탁하는 것만이라도 해주면 다행이라고 생각한다. 물론 아예 가부장적인 남자는 아니어서 부탁하면 요리도 하고, 설거지와 쓰레기 버리기 정도는 알아서 한다. 그리고 힘 쓰는 일은 당연히 자기가 해야 한다고 생각한다. 또한 남편은 '고맙다'는 인사를 정말 잘한다. "맛있는 음식을 만들어줘서 고마워." "옷에서 좋은 향기가 나네. 고마워." "냉장고에 맥주를 넣어줘서 고마워." 이처럼 사소한 일에 감사의 말을 할 줄 안다. 아이를 예뻐하고 중국 요리도 자주 만들어준다. 아이를 한 번도 혼낸 적이 없다. 아이에게 아빠는 늘 잘 놀아주는 사람이다. 이렇게 보면 남편이 굉장히 자상해 보이지만, 절대로 육아에 주도적이거나 집안일을 스스로 알아서 하지는 않는다. 스스로 "난 너랑 결혼해서 보살핌을 받아 좋아. 혼자라면 벌써 망가졌을 거야"라고 말할 정도다.

중국 아빠가 이렇다면 일본 남편, 일본 아빠는 어떨까. 물론 자라온 환경이나 성격에 따라 다르겠지만 대체로 일본 아빠가 좀 더 보수적이고 가부장적인 편이다. 일본 드라마나 소설을 봐도 남편은 밤늦게까지 일하고, 주말에도 접대에 취미 생활에 바쁜 편이다. 나는 기자와 강사 일을 하면서 많은 일본인을 인터뷰했지만, 남편의 역할은 가정을 책임지고 생활비를 벌어오는 것에 초점이 맞춰져 있고, 집안일은 아내가 하는 것이 일반적이라고 한다. 육아에서도 아빠의 역할은 몸을 써서 놀아주는 것이다. 아들과 캐치볼, 축구, 자전거 타기가 일반적이고, 목욕을 시키거나 쓰레기 버리기, 화장실 청소 등 궂은일을 해주는 아빠들도 많이 있다.

2015년 취업 사이트 '마이나비'에서 일본 사회인 남녀 325명을 대상으로 조사한 바에 따르면, 아버지를 좋아한다고 대답한 비율은 64퍼센트였고, 싫거나 어렵다고 느끼는 비율은 36퍼센트였다. 또한 2012년 '오리콘'에서 실시한 설문 조사에 따르면, 아버지는 상냥함, 완고함, 믿음직함, 엄격, 일만 한다, 무뚝뚝함 순서의 이미지를 가지고 있었다. 외국인의 눈에 일본 남편, 일본 아버지는 일만 열심히 하고 가정은 뒷전인 것처럼 보이지만 실제로는 상냥하고 가족을 위하는 아버지가 더 많은 듯하다.

<u>무엇보다 한국, 중국에 비해 일본 아빠들의 좋은 점은 '권위가 있는 것'이라고 생각한다. 일본 아버지들은 성실하고 열심히 일하는 이미지가 있고, 자녀들은 그 모습을 보고 '아버지처럼 되고 싶다' 또는 '아버지 일을 잇고 싶다'고 생각하는 경우가 많다.</u>

2005년 '미츠비시 UFJ 리서치 앤드 컨설팅'의 '사업 승계' 조사에 따르면, 중소기업 사장의 자녀가 가업을 잇는 비율은 41.6퍼센트. 30년 전 70~80퍼센트에 달했던 것에 비해 상당히 줄었지만, 그래도 일본은 가업을 이어가려는 분위기가 남아 있고, 이것이 일본 전통 문화와 기술을 지키는 데 큰 역할을 하고 있다. 비록 무뚝뚝하고 완고할지라도 가족을 위해 평생을 성실히 일하는 사람들, 그들이 일본 아버지들이다.

일본에서 아이를 키운다는 것은
37

　아이가 소중한 존재인 것은 만국 공통이다. 우리 아이가 태어났을 때도 한국 부모님, 중국 부모님, 일본의 친구들 모두가 축복해주었다. 현재 중국의 산아 제한 정책은 완화되었지만 자녀 1명 낳기 정책으로 외동아들 하나만 바라보고 키워온 중국 부모님의 손녀 사랑은 끔찍했다. 결혼식 올리기 전부터 늦기 전에 일단 아이부터 낳으라고 했다. 그리고 낳기만 하면 데리고 가서 키워준다고 했으니 손녀 사랑은 두말하면 입이 아플 정도다.

　시부모님의 끈질긴 권유에도 우리 부부는 한국, 중국이 아닌 일본에서 아이를 키우기로 결심했다. 우리 부부 모두 일본에 직장을 가지고 있다는 것이 가장 큰 이유였지만, 일본 생활을 버리고 들어갈 만큼 한국이나 중국이 육아에 매력적인 나라가 아니라는 판단도 있었기 때문이다. 우리 부부는 각자 나라의 교육에 대해 토론했고, 아이를 어떻게 키우고 싶은지 의견을 나눴다.

우리가 바라는 교육은 아이 스스로 하고 싶은 일을 찾을 수 있는 자유로운 분위기였다. 다문화 가정에서 자란 아이가 차별받지 않고, 자기의 정체성을 찾아나갈 수 있는 교육을 원했다. 그런 면에서 중국이나 한국은 타문화에 폐쇄적인 느낌이 있었고, 우리 부부 둘 다 교육열이 높고 경쟁이 치열한 두 나라에서 미래를 헤쳐 나갈 자신이 없었다.

일본, 특히 도쿄는 많은 외국인이 모여 사는 세계적인 도시이고, 그만큼 교육 선택의 폭도 넓었다. 이방인이기 때문에 받는 불이익보다는 배려를 많이 느꼈다. 무엇보다 과열된 학습 분위기가 없어 좋았다. 방과 후 학원을 전전하는 아이들이 드물었다. 그리고 여름마다 수영장에서 뛰놀아 새까맣게 탄 아이들이 건강해 보였다.

일본에서 육아를 하려면 커다란 장벽을 극복해야 했다. 바로 방사능 오염 문제다. 우리 부부는 2011년 3월 11일 동일본 대지진을 함께 겪었다. 방사능 오염 문제로 걱정하는 부모님들 때문에 잠깐 중국에 들어가 있기도 했다. 방사능은 당장 나타나지도 않고 눈에 보이지도 않는 두려움이지만, 일본 생활을 계속해나가려면 반드시 맞서야 할 문제이기도 했다.

많은 일본 엄마들이 그렇듯 나도 원산지를 찾아 음식 재료를 샀다. 특히 아이한테 먹일 것에는 특별히 신경을 썼다. 아이가 다니는 보육원에서도 몇 년이 지난 지금까지 재료의 원산지 표시를 해주고 있다. 예민해진 사람들 덕분인지 슈퍼나 쇼핑몰에서도 방사능 검사표를 공개하고, 산지를 표시하는 곳이 늘어났다. 하지만 여전히 불투명한 부분도 많이 남아 있다. 그래서 몇 년이 지난 지금까지 '후쿠시마산(福島産)'이라는 표시가 있으면 망설여진다.

나는 한국에서 나고, 대학을 마치고, 직장 생활도 조금 경험했다. 내가 성공한 삶을 살지 않아서인지 늘 과열되고 경쟁적인 한국 교육에 대해 불만을 가지고 있었다. 10대 시절을 되돌아보면 어떤 대학에 가느냐가 인생의 테마였다. 20대 시절을 되돌아보면, 실컷 놀지도 못하는 주제에 공부도 열심히 하지 않고 어영부영 대학을 나와 사회에 진출한 잉여 인력이었다. 열악한 복지 조건을 가진 회사에서 월급도 조금 받고 일은 밤늦게까지 해야 했다. 그렇게 자존감을 잃어가고 혐오감만 커져갔다.

그리고 도피하듯 찾아온 일본에서 처음으로 남의 눈과 경쟁이라는 울타리에서 벗어났다. 내가 본 도쿄 사람들은 나이와 관계없이 남의 일에 간섭하지 않고, 개인의 자유를 존중했다. 나이를 묻는 것 자체가 실례이고, 친구는 나이와 상관없이 사귀는 것이라는 것도 처음 알았다.

학력과 관계없이 시간에 맞는 아르바이트를 했고, 집이 없고 차가 없어도 불편을 느끼지 않는 사람이 많았다. 옷은 늘 허름해 보여도 세계일주가 취미인 교수님도 있었고, 일일 노동직이라도 자기 일에 자부심을 갖고 있는 사람도 있었다. 독신이거나 결혼했어도 아이 없는 부부가 많아서 함부로 결혼이나 아이 얘기를 꺼내면 안 된다는 것도 알았다.

내가 만난 대부분의 일본 사람은 모두 자기 삶을 살고 있었다. 대학 나와서 취직하고 서른쯤에 결혼하고 아이 낳고 부모님 모시고 여행 가는 보통 한국인의 삶, 그런 '보통'이라는 게 일본에 존재하는지도 잘 모를 정도로 각자의 삶이 있었다.

<u>사는 모습은 제각각이지만, 사람마다 열중하는 일이 하나쯤 있고 그 이야기가 통한다면 나이나 지위와 상관없이 친해진다는 것도 신선했다.</u> 나

는 비록 여전히 보통의 삶에 집착하고 숫자에 연연하는 세속적인 사람이지만, 가능하다면 아이만큼은 그 어떤 것에도 편견을 갖지 않고 자기 삶을 살 수 있기를 바란다. 그래서 우리 부부는 가능한 한 아이를 일본에서 자유롭게 키우기로 했다.

일본이
육아에 매력적인 이유
38

임신을 하기 전까지 일본은 그저 나에게 동양의 선진국 정도의 이미지였다. 길거리가 깨끗하고 맛있는 음식이 많고, 사람들은 친절하고 안전한 나라. 이미지 그대로 좋은 점도 많았지만, 한편 집값도 비싸고 세금도 비싸고 의료 보험비도 비싸고 버는 만큼 나가는 나라이기도 했다.

일본 국세청 조사에 따르면, 2013년 일본 노동자(직장인, 임원, 비정규직)의 평균 연수입은 414만 엔이었다. 여기서 의료 보험료로 약 10퍼센트 정도를 내고, 연금은 17퍼센트 정도를 낸다. 물론 직장에 다니는 사람은 회사에서 절반을 부담해주지만, 비정규직이나 자영업자는 수입에서 고스란히 나간다. 또 일본에 거주하는 사람이라면 누구나 내야 하는 주민세나 소비세도 수입의 약 10퍼센트 정도를 생각해야 하고, 전세가 없는 주거 문화 특성상 매달 월세도 내야 하니 겨우 생활을 유지할 뿐 여유가 없다.

나는 일본에서 정규직 사원으로 3년 넘게 일했다. 친구들은 일본에서 일하니 돈을 잘 벌겠다고 부러워했지만, 물가만큼 임금이 높은 것도 아니고, 세금이 많아 수중에 남는 게 정말 얼마 없었다. 외국인 입장에서 받지도 못할 연금을 내는 것도 좀 억울했고, 바빠서 아플 틈도 없는데 비싼 의료 보험료를 내는 것도 아까웠다.

그런데 아기를 가진 후 이 모든 세금이 어디에 많이 쓰이는지 알았다. 아기를 가짐으로써 신세계를 경험했다고나 할까. 우선 임신하면 한 달에 한 번, 일주일에 한 번 정도 병원에 가서 검진을 했는데 그때마다 의료보험 및 임신 검진 쿠폰을 통해 할인을 받았다. 그리고 무려 400만 원에서 700만 원에 이르는 아기 출산 비용도 대부분 국가에서 부담했다.

아이가 태어나고 나서는 육아 수당을 지급하는데 만 3세까지는 월 15만 원, 초등학교 입학 전까지는 월 10만 원(셋째 자녀는 15만 원), 중학생까지도 월 10만 원의 금액이 세 달에 한 번씩 몰아서 입금된다. 아이가 많으면 많을수록 혜택도 커지고, 세금 할인 폭도 커지고, 어떤 육아 서비스든 우선순위가 된다. 그래서 내가 아는 60대 미혼 여성은 "이 나라는 아이에게만 혜택이 있고 독신자는 평생 돈만 뜯길 뿐"이라며 한탄하기도 했다.

내가 가장 매력적으로 느끼는 일본의 육아 정책은 아이의 의료비인데, 지역마다 할인폭은 조금씩 다르지만 내가 사는 도쿄는 중학생까지 모든 의료비가 무료다. 아이의 의료비 부담이 전혀 없다 보니 콧물만 조금 흘려도 부모는 바로 병원에 데려가 큰 병에 걸릴 위험을 사전에 막을 수 있다. 일반적인 소아과 진료뿐만 아니라 대학 병원 및 평일 야간 응급 센터, 휴일 응급 진료도 무료라서 많은 도움을 받았다.

우리 아이가 아기일 때는 밤이나 주말에 갑자기 열이 나거나 아픈 날이 많았다. 안쓰러운 마음으로 지켜보다가 안 되겠으면 응급 센터를 찾아가기도 했다. 처음 응급실에 갔을 때 병원비가 얼마나 나올지 몰라 은근히 걱정을 했다. 얼마 후 이름이 불리고 긴장하며 계산 창구로 갔더니 담당 직원이 "진료비는 없고, 의료보험증 받으세요"라고 말하는 것이었다.

한국에서 응급실에 가면 엄청 많은 비용이 든다는 말을 많이 들은 터라 나는 안심하는 한편, 일본의 복지에 다시 한 번 놀랐다. 한 번은 연휴에 아이가 소파에서 떨어져 두피가 살짝 찢어진 사건이 있었다. 다른 곳도 아니고 머리를 부딪힌 데다 살짝 찢어지기까지 했으니 큰일났다 싶어서 인터넷을 찾아 가까운 대학 병원 응급실을 찾아갔다. 다행히 아이가 잘 놀고 잘 먹고 있으니 전혀 문제없다는 진단을 받고 의사에게 "아이가 머리를 부딪혔을 때 부모가 너무 호들갑을 떨면 안 된다"는 충고를 받았다.

크게 안심하고 한편으론 비용 걱정을 하며 지갑을 움켜쥐고 계산 창구로 갔더니 이번에도 의료비가 무료였다. 물론 이 비용은 우리가 내고 있는 의료보험료에서 충당되고 있는 것이지만, 병원비 걱정 없이 언제나 아이를 병원에 데리고 갈 수 있다는 것은 아이 엄마로서 최고의 복지임에 틀림없다.

그 밖에 선생님에게 줄 촌지나 선물에 신경 쓰지 않아도 된다는 점, 공립 보육원은 부모의 소득 신고에 따라 차등 부과해 저소득자는 거의 무료로 보낼 수 있는 점, 공립이든 사립이든 유치원에 다니면 보조금이 지급된다는 점, 초등학교에 들어가면 방과 후 학교 내 혹은 학교 바로 옆에 있는 '아동관'에서 저녁까지 봐주는 사람이 있다는 점 등이 일하는 엄마나 저소득 가계에서 부담없이 아이를 키울 수 있는 환경을 만들어준다.

'아동관'은 국가에서 운영하는 방과 후 아동 건전 육성 사업으로 약 만 10세 미만 초등학생 중 집에 돌아가도 아무도 없는 아이들을 위해 사전에 신청을 하면 저녁 6시까지 이용할 수 있는 시설이다. 아이들에게는 간식이 지급되고 요일별로 프로그램이 있어 그림을 그리거나 운동장에서 뛰어놀거나 친구들과 소중한 시간을 보낼 수 있다. 물론 저소득층이나 한부모 가정은 이용 요금이 무료인 경우도 있고, 평균 이용료는 4만 원에서 8만 원 정도로 저렴한 편이다. 아이들은 저녁까지 아동관에 있다가 엄마와 같이 돌아오는 경우도 있고, 먼저 집에 도착해 한두 시간 동안 엄마를 기다리는 경우도 있다.

사립 시설에 맡기는 경우는 아이들을 저녁 8시에 태워다주거나 혹은 1박도 가능하다. 이처럼 일하는 엄마도 안심하고 아이를 맡길 수 있는 시스템이 점점 확산되고 있는 추세다. 일본은 아이를 키우는 엄마들에게 매력적인 나라임에 틀림없다.

작은 습관으로 기적을 만드는
일본 엄마의 힘

1판 1쇄 발행 2015년 12월 17일
1판 7쇄 발행 2016년 10월 17일

지은이	안민정
발행인	허윤형
펴낸곳	황소북스
주소	서울 마포구 동교동 159-6번지 파라다이스텔 506호
전화	02 334 0173 **팩스** 02 334 0174
홈페이지	www.hwangsobooks.co.kr
블로그	http://blog.naver.com/hwangsobooks
포스트	http://post.naver.com/hwangsobooks
커뮤니티	http://cafe.naver.com/hwangsobooks
트위터	@hwangsobooks
등록	2009년 3월 20일(신고번호 제 313-2009-54호)

ISBN 978-89-97092-37-6(13590)

ⓒ 2015 안민정

* 이 책은 황소북스가 저작권자와의 계약에 따라 발행한 것이므로 본사의 서면 허락 없이는 어떠한 형태나 수단으로도 이 책의 내용을 이용하지 못합니다.
* 잘못된 책은 구입하신 서점에서 바꾸어 드립니다.
* 책값은 뒤표지에 있습니다.